JULES VIARD

LA CAMPAGNE
DE JUILLET-AOUT 1346

ET LA BATAILLE DE CRÉCY

PARIS (VI°)

LIBRAIRIE ANCIENNE HONORÉ CHAMPION, ÉDITEUR

ÉDOUARD CHAMPION

5, QUAI MALAQUAIS, 5

1926

JULES VIARD

LA CAMPAGNE DE JUILLET-AOUT 1346

ET LA BATAILLE DE CRÉCY

PARIS (VIᵉ)

LIBRAIRIE ANCIENNE HONORÉ CHAMPION, ÉDITEUR

ÉDOUARD CHAMPION

5, QUAI MALAQUAIS, 5

1926

EXTRAIT DU MOYEN AGE

2e Série, Tome XXVII

(Janvier-Avril 1926)

LA CAMPAGNE DE JUILLET-AOUT 1346
ET LA BATAILLE DE CRÉCY

Dans les premiers jours du mois de juin 1345, la trêve qui pendant quelque temps avait suspendu les hostilités entre la France et l'Angleterre fut ouvertement rompue[1]. Du nord, les Anglais transportèrent le théâtre de la guerre dans le sud-ouest. Débarqué en France dans le courant de juillet, le comte de Derby poussa vivement les opérations militaires[2]. Après s'être emparé successivement de Bergerac, le 24 août 1345[3], et des localités situées autour de cette ville, il se dirigea sur Périgueux, où un complot s'était ourdi entre le 24 juin et le 6 août pour le lui livrer[4] ; mais sa tentative contre cette ville échoua.

1. D'après Bertrandy : *Etudes sur les chroniques de Froissart. Guerre de Guienne, 1345-1346*, p. 26, la trêve fut rompue par les Anglais et la guerre commença « en Guienne le 4 ou le 6 juin 1345 ». Dès le 24 avril, Edouard III accusant Philippe VI d'avoir rompu la trêve conclue en Bretagne à l'instigation du pape, donna tout pouvoir à Guillaume de Bohun. comte de Northampton, pour se rendre auprès du roi de France et le défier. (Rymer, *Fœdera* (éd. 1816), t. III, 1re partie, p. 36. Voir aussi : *Histoire de Languedoc*, nouv. éd., t. IX, p. 572 et t. X, p. 84).

2. Il débarqua à Bayonne, d'après la première rédaction de Froissart (éd. Luce, t. III, p. 44) et d'après la *Chronique normande* (éd. Molinier, p. 63), à Bordeaux suivant Froissart, ms. de Rome (éd. Luce, t. III, p. 262). Cf. Bertrandy, *op. cit.*, p. 28-30 et *Histoire de Languedoc*, nouv. éd., t. X, p. 88.

3. Bertrandy, *op. cit.*, p. 34.

4. Bertrandy, *op. cit.*, p. 49 et 50, et Robert Villepelet. *Histoire de la ville de Périgueux et de ses institutions municipales jusqu'au traité de Brétigny (1360)*, pp. 99-100.

Philippe VI ne fut pas surpris par cette agression, car depuis longtemps déjà il s'y attendait et avait pris des mesures pour y parer [1]. Il donna donc ordre à son fils Jean, duc de Normandie, de se rendre en Gascogne, afin de repousser les Anglais [2], et dès le 8 août 1345, pour seconder son fils, il nomma Pierre, duc de Bourbon, lieutenant du roi *dans toutes les parties de la langue d'oc et de Gascogne* [3].

Après une campagne de ce dernier en Querci et en Agenais à la fin de 1345 [4] et la prise de plusieurs villes et châteaux par Jean, l'armée française vint, entre le 10 et le 15 avril 1346, mettre le siège devant Aiguillon [5]. Pendant plusieurs mois elle fut tenue en échec devant cette ville [6]. La longueur de ce siège fit même penser à plusieurs chroniqueurs français et anglais [7] qu'Edouard III prépara sa flotte et son armée pour venir au secours de cette place. Or, si après le mois d'avril 1346 Edouard III put avoir la pensée

1. Des lettres signalées par D. Vaissete (*Hist. de Languedoc*, n. éd., t. IX, p. 572), nous apprennent que dès le mois de mars 1345, Philippe VI ordonna au sénéchal de Carcassonne de se tenir sur ses gardes. Le 4 avril suivant, demandant un subside dans cette sénéchaussée, il dit qu'il a appris que ses ennemis s'apprêtent, sans attendre le terme des trèves qui doivent durer jusqu'à la saint Remi 1346, et il ajoute qu'il ne veut pas les rompre mais les garder entièrement. (*Ibid.*, t. X, p. 85). Enfin, le 15 juin de la même année, demandant à Guillaume Balbet, maître des comptes et à Guillaume Roland, sénéchal de Beaucaire, de faire des emprunts en Languedoc, il leur annonce que si le roi d'Angleterre n'a pas encore rompu les trèves, il est sur le point de le faire (*ibid.*, t. IX, p. 572-573).

2. *Grandes Chroniques*, éd. P. Paris. t. V, p. 439 et 441. Cf. Bertrandy, *op. cit.*, p. 254-255.

3. *Hist. de Languedoc*, n. éd., t. IX, p. 577 et 578.

4. *Ibid.*, t. IX, p. 579-580.

5. Aiguillon, Lot-et-Garonne, arr. d'Agen, cant. de Port-Sainte-Marie (cf. Bertrandy, *op. cit.*, p. 310).

6. Jean, duc de Normandie, ne leva ce siège que le 20 août 1346, peu de jours avant la bataille de Crécy. (Bertrandy, *op. cit.*, p. 347).

7. *Chronique de Jean le Bel*, éd. Viard et Deprez, t. II, p. 67, Froissart, éd. Luce, t. III, p. 128-129, Robert d'Avesbury, *De gestis Edwardi tertii*, éd. E. M. Thompson, p. 357.

d'aller en Guyenne pour chercher à délivrer Aiguillon [1], il
faut bien reconnaître que longtemps avant le début de ce
siège il fit de grands préparatifs à Portsmouth pour réunir
une armée et équiper des vaisseaux afin de pouvoir descendre
en France. Mais soit par suite de mauvais temps, soit pour
d'autres causes le jour du départ de la flotte fut successivement reporté du mois d'octobre 1345 au mois de février 1346,
puis au 1er mars, au 26 mars, à la fin du mois d'avril, au
mois de mai, et finalement Edouard III ne quitta l'île de
Wight que le 11 juillet [2].

Pendant que le roi d'Angleterre préparait ainsi une descente en France, Philippe de Valois restait-il inactif ? Plu-

---

1. Voir dans Rymer, *Fœdera*, t. III, p. 81, lettres du 6 mai 1346, par
lesquelles Edouard III demande à l'évêque de Londres et à plusieurs
ordres religieux des prières pour lui et pour son armée sur le point
d'aller en Gascogne au secours d'Henri de Lancastre, comte de Derby.
Déjà le 27 mars précédent il avait demandé des archers pour aller en
Gascogne dans la compagnie du comte de Derby (*Ibid.*, p. 77).

2. Dès le 29 septembre 1345, Edouard III ordonne d'envoyer à
Portsmouth, dans les trois semaines qui suivront la saint Michel, au
plus tard, 4.000 hommes du pays de Galles, des meilleurs et des plus
robustes, bien armés et bien équipés, pour partir avec lui où il l'ordon-
nera à ses gages. (Rymer, *op. cit.*, t. III, 1re partie, p. 60). Au 1er janvier
1346, il fait réunir à Portsmouth tous les navires d'au moins 30
tonneaux et les barques qui pourraient lui être nécessaires pour
le transporter en France dans la quinzaine de la Purification.
(*Ibid.*, p. 66). Le 3 janvier, il donne ordre à tous ceux qui avaient
obtenu des lettres de rémission pour meurtre, vol, trahison, etc., à
condition de servir le roi pendant un an à leurs frais, de se rendre sans
délai à Portsmouth avec leur équipement afin de s'y trouver au plus
tard pour le 1er mars prêts à partir avec le roi. Le 20 janvier suivant,
ordre aux hommes d'armes valides de 16 à 60 ans de se rendre à Portsmouth pour le dimanche de la mi-carême au plus tard (26 mars 1346)
avec armes et chevaux afin de passer la mer avec le roi à ses gages (*Ibid.*,
p. 67 et p. 70, lettres des 3 et 20 février). Le 5 mars, il remet son départ
à la quinzaine de Pâques à cause des vents contraires et de grandes
tempêtes qui sont survenues (*Ibid.*, p. 71) et les 18 mars et 6 avril il
donne cette date de la quinzaine de Pâques pour son départ comme
absolument certaine (*Ibid.*, p. 76 et 78), mais au 20 avril, il le reporte
encore aux quinze jours qui suivront cette quinzaine (*Ibid.*, p. 79).

sieurs témoignages prouvent que dès la fin de l'année 1345 il s'occupa de former une armée navale pour la défense du royaume[1]. Edouard III, lui-même, dit dans des lettres du 20 janvier et du 15 mars 1346[2] que le roi de France réunit un grand nombre de vaisseaux dans le but de détruire sa flotte et d'envahir l'Angleterre. En effet, dès le 27 décembre 1345, des lettres de Charles Grimaldi adressées à Philippe VI nous apprennent qu'à cette date, des conventions avaient été déjà conclues entre Breton Grimaldi, cousin de Charles, et le roi de France au sujet de la guerre que l'on attendait et que Charles adhèrait à ces conventions[3]. De plus, pendant le mois de janvier suivant, Marquis Scatisse, receveur de Toulouse, conclut au nom du roi de France différents accords avec Charles Grimaldi, Pierre Barbevaire et plusieurs autres marins de la Méditerranée en vertu desquels ils devaient armer treize galères et une galiote afin de les conduire ensuite de Nice à Boulogne dans un délai de trente jours[4]. En outre, dans des lettres du 18 mars 1346 (n. st.)[5], Philippe VI dit expressément que pour la défense du royaume du côté de la mer, il a « ordené à faire une bonne et grant armée » et a envoyé chercher « une grant quantité de galées armées vers les parties de Jennes et de Jennevois pour mettre en neifs ». Il les attend de jour en jour sur les côtes de Normandie et de Picardie, et ordonne en conséquence au bailli de Caux et au vicomte de Monti-

---

1. *Les Grandes Chroniques* (éd. P. Paris, t. V, p. 451) disent : « En celuy an (1346), proposa le roy de France faire grant armée en mer de nés pour passer en Angleterre, lesquelles il envoia querre à Gennes à grant despens ».

2. Rymer, *Fœdera*, t. III, 1re partie, p. 67, 72, 73.

3. Gustave Saige, *Documents historiques antérieurs au XVe siècle relatifs à la seigneurie de Monaco et à la maison de Grimaldi*, t. I, p. 330, n° CXI.

4. Ch. Dufourmantelle, *La marine militaire en France au commencement de la guerre de Cent ans* (Extrait du *Spectateur militaire*). Paris, 1878, in-8°, p. 89-90.

5. *Ibid.*, p. 91.

villiers [1] de se transporter dans les ports du bailliage de Caux
pour examiner tous les vaisseaux qui s'y trouvent. Ils con-
traindront leurs propriétaires à les réparer et à les armer de
manière qu'ils puissent être prêts pour la prochaine fête de
Pâques, soit pour le 16 avril, afin de renforcer l'armée navale
gênoise. Le roi leur enjoint en même temps de faire connaître combien de vaisseaux existent dans chaque port, la
grandeur de chaque vaisseau, le nom de son propriétaire et
l'état dans lequel il se trouve. De semblables lettres furent
certainement adressées à tous les baillis, vicomtes et prévôts
des côtes de Normandie et de Picardie [2]. De plus, le nombre
des vaisseaux que les Anglais brûlèrent à Saint-Vaast-de-la-
Hougue [3], à Barfleur [4], sur les côtes de Normandie jusqu'à
l'embouchure de l'Orne (et parmi eux on signale beaucoup
de vaisseaux de guerre équipés) est la preuve de l'importance
de notre marine à cette époque et que les ordres de Philippe VI furent généralement exécutés [5]. Mais la dispersion
de ces efforts sur une grande étendue de côtes les rendit
inefficaces contre la forte flotte réunie par Edouard III et con-
centrée sur un seul point [6]. En outre, d'après le témoignage

1. Montivilliers, Seine-Inférieure, arr. du Havre, ch.-l. de cant.

2. Voir d'après un fragment de compte du bailliage de Caen en 1346,
les dépens faits par le bailli « pour cause du navire de l'armée de la
mer » (*Chronique de Richard Lescot*, éd. J. Lemoine, p. 71, note 7).

3. Saint-Vaast-de-la-Hougue, Manche, arr. de Valognes, cant. de Quettehou.

4. Barfleur, Manche, arr. de Valognes, cant. de Quettehou.

5. Voir le fragment de *Chronique anonyme* du collège du *Corpus
Christi* de Cambridge publié par M. J. Moisant à la suite de son ouvrage :
Le prince noir en Aquitaine, p. 158-160, Adam Murimuth, *Continuatio
chronicarum rerum Angliæ*, p. 212-213, Robert d'Avesbury : *De gestis
mirabilibus regis Edwardi tertii*, p. 358. Cf. les *Grandes Chroniques*, éd.
P. Paris, t. V, p. 451, disant que le roi faisait faire à Honfleur une
grande nef « de laquelle on disoit que onques mais si belle n'avoit esté
armée ne mise en mer »,

6. D'après Froissart, éd. Luce, t. III, p. 357, Philippe VI aurait garni
« tous ses pors de mer et partout envoiiez gens d'armes ». Raoul comte
d'Eu et le chambellan de Tancarville chargés de défendre la Normandie

des *Grandes Chroniques* [1], les vaisseaux gênois, peut-être à cause du mauvais temps dont Edouard III lui-même eut à souffrir, et surtout parce qu'ils se livrèrent au pillage le long de leur route et ravagèrent les îles de Ré, d'Ouessant et les côtes bretonnes, « tardèrent moult à venir » et n'entrèrent dans la Seine que vers le milieu du mois d'août [2].

Ce dut être, en effet, le vent qui, au moins pendant quelques semaines, retint la flotte du roi d'Angleterre. Barthélemy de Burghersh [3] qui assista aux préparatifs d'embarquement et fit la traversée, le dit expressément dans sa lettre écrite à Jean Stratford, archevêque de Cantorbéry, lorsqu'il fut débarqué à Saint-Vaast-de-la-Hougue. Dès le début du mois de juin, Edouard III devait se tenir prêt à partir d'un jour à l'autre, et le 3 de ce mois on constate déjà sa présence à Porchester [4]. Le 25, il nomma son fils Lionel régent du royaume pendant son absence [5] et le dimanche 2 juillet, il fit même savoir aux cardinaux envoyés par le pape Clément VI qu'il ne pouvait alors s'entretenir avec eux, car sa flotte était appareillée pour le départ [6]. Le même jour, dans

se tenaient à Caen. Robert Bertrand aurait été dans le Cotentin et Godemar du Fay sur la côte entre Harfleur et Calais, tous deux avec de nombreux gens d'armes.

1. T. V, p. 451.

2. Ch. de La Roncière, *Histoire de la marine française*, t. I, p. 476-477.

3. Deux personnages de ce nom, tous deux importants, prirent part à la campagne de 1346, le père et le fils, de sorte qu'on ne peut dire avec certitude lequel écrivit cette lettre. Parmi les personnages en présence desquels les sceaux furent échangés à Fareham, on désigne bien Barthélemy de Burghersh le père (Rymer, *op. cit.*, p. 85. Voir sur eux : *Dictionary of national biography*, t. VII, p. 333-335).

4. Porchester, comté de Hampshire, sur la côte nord du havre de Portsmouth. Voir dans Rymer (*Fædera*, t. III, 1re partie, p. 82) la liste de nombreuses lettres données entre le 3 et le 28 juin en faveur de personnes prêtes à s'embarquer et qu'Edouard III prenait sous sa protection.

5. Rymer, *op. cit.*, p. 84.

6. Rymer, *op. cit.*, p. 84. Il dut effectivement quitter Portsmouth le 2 juillet, car nous voyons par la *Chronique anonyme* du collège du

l'église paroissiale de Fareham [1] près de Porchester, le grand
sceau royal fut remis à Jean de Thoresby, garde du sceau
privé du roi qui, en échange, donna au roi un autre sceau
ordonné pour servir pendant qu'Edouard III serait hors
d'Angleterre [2].

Tous ces renseignements concordent bien au reste avec ce
que les chroniqueurs nous apprennent. Ainsi, Adam Murimuth [3] dit que, pendant tout l'été, Edouard III fit rassembler
des vaisseaux à Portsmouth et dans les ports voisins, de sorte
qu'à la fin du mois de juin il en avait réuni environ 750 grands
et petits. Il convoqua alors tous les hommes d'armes et
les archers tant Anglais que Gallois, paya la solde arriérée,
avança une quinzaine, fit charger les vivres sur les vaisseaux
et leur ordonna de s'embarquer sans retard. Lui-même le
fit et avec quelques vaisseaux seulement alla à l'extrémité
est de l'île de Wight, où pendant trois jours il attendit le reste
de la flotte [4].

Le 5 juillet, une grande partie de la flotte et de l'armée
vint le rejoindre dans cette île à Yarmouth, d'où il tenta
alors de prendre la mer. Il navigua jusqu'aux Needles [5],
mais le vent contraire l'obligea à regagner Portsmouth.
Enfin, après avoir encore pris la mer le 10 juillet [6], le len-

Corpus Christi (Moisant, op. cit., p. 157) qu'après avoir jeté l'ancre dans
un port à l'est de l'île de Wight (sans doute dans le port de Sainte-
Hélène, sur le havre de Branding, d'où la flotte partit le 11 juillet), où
il attendit le reste de la flotte pendant trois jours, le 5 il se trouvait à
Yarmouth, à l'autre extrémité de la même île.

1. Fareham, ville du comté de Hampshire, au nord-ouest du havre de
Portsmouth.

2. Rymer, op. cit., p. 85.

3. Continuatio chronicarum rerum Angliæ, éd. Thompson, p. 198 et
Moisant, op. cit., p. 157.

4. Chronique anonyme, dans Moisant, op. cit., p. 157-158, Geoffroi Le
Baker, Chronique, éd. Thompson, p. 79.

5. Les Needles, groupe de rochers crayeux situés en mer, à la pointe
ouest de l'île de Wight.

6. Rymer, op. cit., p. 85.

8

demain 11, tous les préparatifs étant terminés et le vent favorable, la flotte que l'on peut évaluer à un millier de vaisseaux grands et petits [1], et portant environ trente mille hommes [2], sortit du port de Sainte-Hélène dans l'île de Wight [3], et fit voile vers une destination tenue secrète [4]. Elle navigua pendant la journée du 11, pendant la nuit du 11 au 12, et le 12, au lever du soleil, les habitants de Saint-Vaast-de-la-Hougue et des îles Saint-Marcouf [5] virent avec effroi

1. C'est le chiffre donné par R. d'Avesbury (*op. cit.*, p. 357) et par G. Le Baker (*op. cit.*, p. 79). A. Murimuth (*op. cit.*, p. 198-199), dit qu'à la fin du mois de juin, Edouard III avait réuni à Portsmouth et dans les ports voisins 750 vaisseaux grands et petits, mais il laisse entendre que, dans les jours suivants, d'autres navires vinrent encore grossir cette flotte. Les *Grandes Chroniques* (éd. P. Paris, t. V. p. 451) donnent le chiffre de 1.200 grosses nefs, sans les petites. H. Knighton, *Chronicon*, t. II, p. 32, estime la flotte à 1.100 grands vaisseaux et 500 petits, tandis que Villani, *Historie Fiorentine*, dans *Rerum italicarum scriptores*, t. XIII, p. 942, ne l'estime qu'à 600 vaisseaux. Ce dernier chiffre semble faible pour transporter une armée aussi nombreuse avec ses vivres, son matériel, ses chevaux, etc.

2. L'évaluation de Murimuth (*op. cit.*, p. 197) qui donne pour l'armée les chiffres de 5.000 hommes d'armes, 60.000 archers, gens de pied et Gallois et 20.000 marins, paraît exagérée. Au reste, plus loin, (p. 245), l'*appendix* de Murimuth ne donne plus qu'un chiffre d'au moins 50.000 hommes. Villani (*op. cit.*, p. 942) semble plus près de la vérité, en estimant à 32.500 hommes l'effectif de l'armée anglaise. Jean le Bel (éd. Viard et Déprez, t. II. p. 69) estime que l'armée anglaise d'Edouard III se composait de 4.000 armures de fer, chevaliers et écuyers, « et non plus, quoy qu'on en vueille dire », 10.000 archers et 10.000 sergents de pied. Voir à ce sujet l'ouvrage du général Wrottesley : *Crécy and Calais*, Londres, 1898, in-8°, qui a tiré des *French rolls* de la dix-neuvième année d'Edouard III un grand nombre de documents relatifs à la composition et aux effectifs de l'armée anglaise. Selon lui (p. 10) le roi d'Angleterre n'aurait embarqué que 19.428 hommes. Mais dans ce chiffre ne figurent que les hommes engagés comme combattants ; il y faut ajouter les mariniers, les serviteurs, les hommes de charge, etc.

3. Nous avons une lettre d'Edouard III datée de ce port le 11 juillet. Rymer, *op. cit.*, p. 85.

4. A. Murimuth. *op. cit.*, p. 199, *Chronique anonyme*, dans Moisant, *op. cit.*, p. 158, G. Le Baker, p. 79.

5. Iles situées au sud-est de Saint-Vaast-de-la-Hougue.

les navires anglais aborder la côte et les hommes qui les montaient organiser le débarquement[1].

La surprise fut certainement grande, non seulement dans la presqu'île de Cotentin, mais encore dans toute la France, lorsqu'on apprit qu'Edouard III était descendu à Saint-Vaast-de-la-Hougue, tandis que généralement on pensait qu'il tenterait de faire lever le siège d'Aiguillon. On chercha alors à donner une explication à ce changement d'itinéraire. Auprès du roi d'Angleterre s'était réfugié Godefroi d'Harcourt, seigneur de Saint-Sauveur-le-Vicomte[2], banni de France par sentence du Parlement rendue le 15 juillet 1344[3]. Bien accueilli par Edouard III, il promit de le servir et reçut une pension sur le trésor d'Angleterre[4]. Comme par son origine et par ses possessions, il connaissait la Normandie et en particulier le Cotentin, on attribua à ses conseils le projet de descente à Saint-Vaast-de-la-Hougue. Froissart[5] ne manque pas de nous montrer le traître faisant à Edouard III le tableau de la richesse de ce pays, lui expliquant la facilité avec laquelle il en pourrait faire la conquête et quel butin il en retirerait. Le rôle qu'il joua pendant cette campagne[6] peut justifier l'influence que lui attribuèrent les chroniqueurs du XIVe siècle.

Au reste, quel que fût le mobile auquel le roi d'Angleterre obéit en envahissant la France par les côtes normandes, son opération n'en était pas moins hardie. On comprend alors la hâte avec laquelle il s'empressa de débarquer ses troupes ; le moindre retard permettant à Philippe VI de lui barrer le

---

1. Moisant, p, 158.

2. Voir sur ce personnage : Delisle, *Histoire de Saint-Sauveur-le-Vicomte*, p. 50-108.

3. Delisle, *op. cit.*, preuves, p. 105, n° 76. Il obtint ensuite des lettres de rémission le 21 décembre 1346. *Ibid.*, p. 109, n° 79.

4. Delisle, *op. cit.*, p. 61.

5. Ed. Luce, t. III, p. 131. Voir aussi Jean le Bel (éd. Viard et Déprez), t. II, p. 69 et 70.

6. Cf. Delisle, *op. cit.*, p. 65-66.

chemin, pouvait l'acculer à un désastre. Descendu à terre dès midi [1], il gagna de suite un monticule situé près du littoral. Là, comme pour bien fixer dans l'âme de son fils aîné, Edouard, prince de Galles, la prise de possession du royaume de France qu'il revendiquait, il l'arma chevalier en même temps que William de Montagu, Roger de Mortimer, William le Roos, Roger de la Ware et plusieurs autres [2]. Pendant ce temps, la population abandonnant ses demeures s'enfuit dans les bois et se cache ; quelques sergents à pied sont tués par les Anglais, des fermes et des maisons sont incendiées ainsi que quatorze navires équipés et prêts pour la guerre qui étaient dans le port [3].

Edouard III, ne trouvant aucune résistance [4], prit ses cantonnements avec son armée dans les maisons et les villages abandonnés. 500 Gênois préposés à la garde du port, et qu depuis dix semaines campaient sur la côte, auraient, d'après un chroniqueur anglais [5], abandonné leur poste trois jours avant l'arrivée de la flotte pour n'avoir pas reçu leur solde. Le même chroniqueur ajoute que les hommes convoqués pour la défense du pays, et auxquels Robert Bertrand aurait fixé le rendez-vous pour le 12, se seraient enfuis à la vue de la flotte anglaise. Rien ne vint donc entraver le débarquement.

Pendant la journée du 13 juillet, on sortit des vaisseaux les chevaux et les vivres, et les hommes se répandant autour de

---

1. « Hora siquidem meridici » (Moisant, p. 158).

2. Moisant, p. 158, G. Le Baker, p. 79, A. Murimuth, p. 199.

3. Moisant, p. 159. Dans la lettre de Michel de Northburg, confesseur d'Edouard III, rapportée par A. Murimuth (p. 212) on donne le chiffre de neuf vaisseaux ; c'est sans doute par suite d'une erreur de transcription, car le texte français de la même lettre publié par R. d'Avesbury (p. 358) dit qu'onze vaisseaux, dont huit avaient château devant et derrière, furent brûlés.

4. Le fragment de chronique du collège du *Corpus Christi*, publié par Moisant, p. 159, dit cependant que le comte de Warwick faillit être pris par quelques hommes d'armes cachés dans un bois.

5. Moisant, p. 159.

Saint-Vaast-de-la-Hougue dévastèrent le pays [1], malgré les
ordres du roi qui aurait défendu sous peine de mort [2] d'incendier les maisons, de piller les églises et les lieux saints, et
de faire du mal aux femmes, aux enfants et aux vieillards.

Le vendredi 14, tandis qu'Edouard III était campé à Morsalines [3] après avoir été la veille près de Barfleur [4], une partie
de la flotte se rendit devant cette dernière ville. Elle avait
été en grande partie abandonnée par ses habitants [5]; ceux
qui étaient restés se rendirent par crainte d'être massacrés [6] ;
ils n'évitèrent pas néanmoins le pillage. Les Anglais y récol-
tèrent un si riche butin d'or, d'argent et de joyaux, qu'au
témoignage de Jean le Bel, ils ne tinrent aucun compte des
draps, des étoffes et des fourrures. Après avoir fait monter
les hommes sur leurs navires, ils incendièrent la ville [7],

1. « Per girum ipsam patriam igni supponebant, adeo ut celum quasi
igneum aspiciencium occulis fecerunt radiare » (Moisant, p. 160).

2. « Sub pena vite et membrorum » (*ibid*).

3. Morsalines, Manche, arr. de Valognes, cant. de Quettehou. D'après
G. Le Baker, p. 80, Edouard III resta cinq jours dans cette localité, c'est-
à-dire jusqu'à son départ pour Valognes.

4. D'après une note du Record Office (Norman rolls, n° 639, m. 15)
Edouard III aurait campé le 13 juillet près de Barfleur. Cf. Jean le Bel,
t. II, p 72, note 2.

5. Murimuth, p. 212.

6. Jean le Bel, t. II, p. 72, Froissart, t. III, p. 134. D'après la *Chronique normande* (éd. E. et A. Molinier), p. 75, note 1, les Normands auraient
tenté de repousser l'ennemi « mais il furent desconfit, et en y ot mors
plus de v^c ».

7. Selon Froissart, éd. Luce, t III, p. 134 et 362, la ville de Barfleur
n'aurait pas été incendiée : « fu prise et reubée sans ardoir ». Mais l'auteur de la *Chronique anonyme* du collège du Corpus Christi « qui
semble avoir été témoin des événements qu'il raconte » (Moisant, *op.
cit.*, p. 7), dit positivement « sed villam prius totaliter, nec non septem
naves de guerra curiose preparatas, quas in portu de Barflect repperi-
bant, igne consumpserunt » (Moisant, p. 160) et Michel de Northburgh,
dans Murimuth, p. 212 et dans R. d'Avesbury, p. 358, qui constate que
la ville de Barfleur était aussi grande que celle de Sandwich (comté de
Kent) dit également que les marins brûlèrent cette ville ainsi que plusieurs villages et manoirs des environs : « nautæ a retro manentes dic-
tam villam de Barflet totaliter combusserunt, cum villis et maneriis in
circuitu valde multis ».

brûlèrent dans le port neuf vaisseaux garnis de châteaux devant et derrière, deux crayers. plusieurs autres bateaux plus petits [1] et ravagèrent tout le littoral [2].

De Barfleur, cette flotte, suivant la côte, vint à Cherbourg. Une partie de la ville fut pillée et incendiée, ainsi qu'une partie de l'abbaye du Vœu ; mais les Anglais ne purent s'emparer du château dans lequel était enfermée une forte garnison [3].

Quand Edouard III eut achevé le débarquement de ses troupes, fait cuire le pain nécessaire à leur approvisionnement et leur eut donné quelque repos [4], il procéda à leur organisation. Son armée, dont le comte de Northtampton était connétable et le comte de Warwick maréchal, fut divisée en trois corps [5]. Le premier, sous les ordres du prince de Galles, qui, outre le connétable et le maréchal, avait avec lui Robert de Burghersh, l'aîné, Jean de Mohoum, Robert Boursier, Guillaume de Saint-Amant. Le second sous les ordres du roi, qui avait avec lui le comte d'Oxford, Edouard de Montagu, Richard Talbot, Renaud de Cobham, Robert de Ferrers, Jean Darcy, le jeune, Thomas de Bradeston, Jean Gray, Michel Ponynges, Maurice de Berkelé, Jean de Stryvelyn, Jean de Chevereston, Godefroi d'Harcourt, le traître qui à Saint-Vaast-de-la-Hougue lui avait fait hommage pour toutes les terres qu'il possédait en Normandie, Guillaume de Wildesby, Jean de Thoresby, Philippe de Weston. Le troisième, formant l'arrière-garde, commandé par l'évêque de Durham ; en sa compagnie figuraient les comtes d'Arundel, de Suffolk,

1. Michel de Northburgh dans Murimuth, p. 212 et dans R. d'Avesbury, p. 358. La *Chronique anonyme* du collège du *Corpus Christi* ne donne que le chiffre de sept vaisseaux de guerre (Moisant, p. 160).

2. G. Le Baker, p. 80.

3. Michel de Northburg dans Murimuth, p. 214 et dans R. d'Avesbury, p. 359, Froissart, éd. Luce, t. III, p. 134-135, 362-363. Cf. le P. Denifle. *La désolation des églises de France*, t. II, p. 36.

4. R. d'Avesbury, p. 358.

5. Moisant, p. 160-161.

de Huntingdon, Hugues Despenser, Robert de Morle, Jacques Daudeley, Jean Grey, Jean de Sutton, Guillaume de Canteloup, Gérard de l'Ile, Jean de Straunge, Jean Bolord.

Les journées des 15, 16 et 17 juillet ayant été employées à organiser l'armée et à préparer tout ce qui pouvait lui être nécessaire pendant sa marche, le mardi 18, Edouard III se dirigeant vers la Normandie, prit le chemin de Valognes. Malgré les bois et les forêts qu'il dut traverser, il arriva sans difficulté à cette ville. Les habitants vinrent implorer la grâce du roi et obtinrent la vie sauve [1] : mais leurs demeures et leurs biens ne furent pas épargnés. La ville fut pillée et incendiée, et les vivres enlevés [2]. Edouard III et son fils, le prince de Galles, passèrent la nuit dans cette ville, le premier dans un hôtel du duc de Normandie, le second dans l'hôtel de l'évêque de Coutances [3].

Le lendemain, soit le mercredi 19 [4], les Anglais brûlant et dévastant tout sur leur passage, se dirigèrent sur Carentan. Ils marchaient sur un front étendu [5], car bien qu'un chroniqueur anglais qui suivait probablement l'armée dise que Montebourg [6] fut laissé sur le côté [7], il n'en est pas moins vrai qu'un parti anglais dut le dévaster, comme l'attestent

1. Moisant, p. 161.

2. Michel de Northburg, dans Murimuth, p. 212 et dans R. d'Avesbury, p. 358. Cf. G. Le Baker, p. 80 et 253.

3. Moisant, p. 161.

4. Moisant, *op. cit.*, p. 161, dans la publication de la *Chronique anonyme* du collège du *Corpus Christi*, a sans réflexion écrit : « [D]uodecimo die dicti mensis » lorsqu'il aurait fallu mettre [No]nodecimo.

5. Jean le Bel (éd. Viard et Déprez, t. II, p. 76 et 77) dit en effet que Godefroi d'Harcourt, marchant sur la droite du corps d'armée du roi à six ou sept lieues en avant avec 500 armures et 2.000 archers, pillait et ravageait tout le pays, et chaque jour, ou au moins tous les deux jours, ramenait son butin à un point déterminé. A gauche, le comte de Warwick, maréchal de l'armée, procédait de la même manière avec le même nombre d'hommes.

6. Montebourg, Manche, arr. de Valognes, ch.-l. de cant.

7. Moisant, p. 161, Michel de Northburg ne parle pas non plus de cette ville dans sa lettre publiée par A. Murimuth, p. 212, et par

les *Grandes Chroniques* [1] et surtout le martyrologe de cette ville [2]. En outre, on signale également que, dans la même journée, le roi, ou peut-être une partie de l'armée seulement, passa par Coigny [3], à environ 25 kilomètres au sud-ouest de Montebourg. Jusqu'à Saint-Côme-du-Mont [4], petite localité située à quelques kilomètres de Carentan, la marche de l'ennemi ne fut pas entravée.

Au bas de Saint-Côme-du-Mont et jusqu'à Carentan, s'étendent d'immenses marais à travers lesquels coule l'Ouve (ou la Douve). « La principale et l'unique force de Carentan, dit Expilly [5], consiste en ce qu'elle est située dans des marais qu'il serait très difficile de franchir impunément ». Si au xviiie siècle, malgré les travaux que l'on exécutait alors [6] pour assainir les marais, l'accès de cette ville offrait de grandes difficultés, il ne devait pas être plus facile au xive siècle. Au reste le chroniqueur qui décrit la marche de l'armée anglaise [7], dit que pour arriver à la ville, on devait suivre une étroite chaussée bordée d'eaux profondes. Or, les habitants prévenus de l'approche de l'ennemi par les fuyards, avaient rompu la chaussée et le pont jeté sur l'Ouve.

R. d'Avesbury, p. 358, pas plus que la chronique de Geoffroi Le Baker, p. 80 et le *Kitchen journal* publié à la suite de cette chronique, p. 252.

1. Éd. P. Paris, t. V, p. 452.

2. *Recueil des historiens des Gaules et de la France*, t. XXIII, p. 556.

3. Coigny, Manche, arr. de Coutances, cant. La Haye-du-Puits. Le même jour où le *Kitchen journal* (G. Le Baker, p. 252) nous apprend qu'Edouard III était à Saint-Côme-du-Mont, un autre manuscrit (Brit. Mus. Cotton, ms. Cléopatra DVII, fol. 179) publié par M. Thompson à la suite de la chronique de Geoffroi Le Baker, p. 253, cite parmi les gîtes du roi Coigny situé à environ 10 kilomètres à l'ouest de Saint-Côme-du-Mont. Les indications de ces différentes localités sont la preuve que chacune des trois armées d'Edouard III devait suivre une marche parallèle sur un front de plusieurs kilomètres.

4. Saint-Côme-du-Mont, Manche, arr. de Saint-Lô, cant. de Carentan.

5. *Dictionnaire de la France*, t. II.

6. Expilly décrit ses travaux.

7. Moisant, p. 162.

Edouard III fut donc obligé de s'arrêter pour les faire rétablir. Les Anglais y travaillèrent pendant toute la nuit [1] sous
la garde de Renaud de Cobham, de Roger de Stryvelyn, de
Roger de Mortimer, de Hugues Despenser et de Barthélemy
de Burghersh, le jeune.

Le jeudi 20, lorsque les charpentiers eurent achevé la
réparation du pont et de la chaussée, l'armée d'Edouard III
put franchir les marais qui entourent la ville. Il semblerait,
d'après Jean Le Bel [2], que la nombreuse garnison laissée par
Philippe de Valois essaya de résister et que des vaisseaux
anglais vinrent appuyer l'action de l'armée : mais la résistance ne fut pas de longue durée. La trahison de quelques
chevaliers facilita beaucoup à l'ennemi la prise de cette ville.
Le roi de France avait confié la garde du château à Nicolas
de Grouchy et à Roland de Verdun. Ces derniers, avec Guille-
met de Verdun, fils de Roland et Richard de Grouville
écuyers, le vendirent aux Anglais [3]. Leur trahison ne tarda
pas à recevoir sa juste punition. A son départ, le roi
d'Angleterre les avait chargés de garder Carentan. Un par-
tisan de Philippe VI, Philippe le Dépensier, profitant de
l'éloignement de l'armée anglaise, put reprendre la ville et
arrêter les traîtres. Conduits sous bonne escorte [4], d'abord
au château de Caen, puis à Paris, ils y furent décapités le
14 décembre 1346.

Avant que le gros de l'armée ait pu pénétrer dans la ville,
les gens de pied, sans souci du danger, l'avaient déjà livrée
au pillage [5]. Les vivres qu'ils trouvèrent [6] furent gaspillés

---

1. A. Murimuth, p, 213 et R. d'Avesbury, p. 358.

2. Edit. Viard et Déprez, t. II, p. 74.

3. *Grandes Chroniques*, t. V, p. 466, *Chronique de Richard Lescot*, éd.
Lemoine, p. 70-71, *Chronique normande*, p. 75, *Chronographia regum
Francorum*, éd. Moranvillé, t. II, p. 223.

4. Richard Lescot, p. 71, note 4.

5. Moisant, p. 162.

6. Michel de Northburg, dans R. d'Avesbury, p. 358, dit qu'on y
trouva « vin et vitailles à grand foison ».

au détriment du reste des troupes, de telle manière qu'Edouard III dut défendre à chacun, sous les peines les plus sévères, de prendre plus de vivres qu'il ne lui était nécessaire. En outre, dans le sac de la ville, un grand nombre d'habitants et de défenseurs durent être massacrés[1]. Pendant la nuit, le prince de Galles coucha dans le château.

Dès le matin du 21, l'armée anglaise abandonnant Carentan, non sans l'avoir brûlé en grande partie[2], se dirigea vers Saint-Lô. Une chaussée étroite et quatre ponts permettaient de franchir les marais qui entourent la ville. Edouard III espérait, après avoir quitté ces marais, pouvoir atteindre Saint-Lô vers la fin de la journée ; mais, arrivée sur la Vire, à la petite localité de Pont-Hébert[3], l'avant-garde, commandée par le prince de Galles, trouva le pont qui permettait de passer, rompu par les habitants de Saint-Lô[4]. Les Anglais durent donc attendre son rétablissement. Sans retard on se mit à l'œuvre ; on y travailla pendant toute la nuit, et le lendemain 22, dès le matin, l'avant-garde put traverser le fleuve. Cette opération terminée, elle gravit une colline voisine et prit ses dispositions pour le combat dans le cas où l'ennemi viendrait l'attaquer[5]. Le roi avait en effet appris que Robert Bertrand, maréchal de France, n'était pas très éloigné de son armée. Si l'on en croit un chroniqueur

1. *La Chronique normande*, p. 75, dit qu'il y eut plus de 1.200 personnes tuées, et la *Chronographia regum Francorum*, t. II, p. 223, donne le chiffre d'environ 1.600.

2. D'après Michel de Northburgh, dans R. d'Avesbury, p. 358, les Anglais brûlèrent « molt de la ville », sans que le roi ait pu s'y opposer. Il compare cette ville comme importance à celle de Leicester en Angleterre.

3. Pont-Hébert, Manche, arr. de Saint-Lô, cant. de Saint-Jean de Daye, sur la rive gauche de la Vire.

4. A. Murimuth, p. 213, R. d'Avesbury, p. 358.

5. *La Chronique anonyme* du collège du *Corpus Christi* (Moisant, p. 163) dit qu'Henri de Burghersh fut alors armé chevalier par le prince de Galles.

anglais [1], il aurait même passé la nuit précédente à Saint-Lô avec le connétable.

Cette ville était alors très riche et très importante. Jean le Bel dit qu'elle « valoit plus III foys » celle de Coutances [2] et Michel de Northburg [3] l'estime plus forte que celle de Lincoln, alors une des plus riches et des plus populeuses de l'Angleterre. Peuplée de riches bourgeois, renfermant une grande quantité de marchandises et surtout de draps, elle était une proie tentante pour la soldatesque en quête de butin. Cependant, bien que garnie de murailles et défendue par un château [4], bien qu'à l'approche de l'ennemi, les habitants aient encore ajouté de nouveaux moyens de défense et qu'un grand nombre d'hommes y aient été réunis [5], elle n'offrit aucune résistance. Pris de peur dès que l'ennemi eut commencé l'attaque, ils s'enfuirent par une porte à l'extrémité de la ville, tandis que les Anglais y pénétraient d'autre part. De suite, le pillage commença ; environ mille tonneaux de vin, une grande quantité de draps, de l'or, de l'argent furent enlevés. Les riches bourgeois furent pris et envoyés en Angleterre pour être mis à rançon, leurs femmes et leurs filles furent violées, beaucoup de gens du peuple massacrés, et sans doute une partie de la ville incendiée [6]. Au reste, Edouard III qui redoutait les méfaits de ses troupes, n'y serait pas entré par crainte du feu [7]. Avant de quitter Saint-Lô, il fit solennellement enterrer les têtes de trois che-

---

1. Moisant, p. 163.

2. T. II, p. 77-78.

3. Dans A. Murimuth, p. 213 et dans R. d'Avesbury, p. 358.

4. « Ad villam de Seint Low muro et castello munitam » (Moisant, p. 163) « Le roy gist à Seint Loo, quele ville estoit bien enfossez et barrés et estuffez de genz d'armes » (G. Le Baker, p. 253).

5. A. Murimuth, p. 213, R. d'Avesbury, p. 358.

6. Tandis que Jean le Bel (t. II, p. 78), dit que les Anglais mirent une telle ardeur au pillage « que la ville demeura à ardoir », le ms. Cotton Cleopatra DVII, fol. 179, dit que « fuist gayne et arsz la ville et tute la pays environ » (G. Le Baker, p. 253).

7. Jean le Bel, *ibid*.

Moyen Age, t. XXXVI.

valiers normands, Guillaume Bacon, le seigneur de la Roche-
Taisson et Richard de Persy [1]. Ces trois chevaliers, partisans
de Godefroi d'Harcourt, ayant trahi Philippe VI, avaient
été exécutés à Paris le 3 avril 1343, et leurs têtes envoyées à
Saint-Lô, pour y être exposées [2].

Le 23 au matin, le roi d'Angleterre, continuant sa marche
à travers la Normandie, se dirigea sur Torigny [3] où se trouvait une riche abbaye cistercienne ; mais ayant appris par
les bruits qui circulaient, la présence de l'ennemi dans cette
région, il remonta vers le Nord-Est. et campa pour la nuit
dans les localités de Sept-Vents et de Cormolain [4]. Ceux qui
étaient chargés d'assurer le logement de l'armée établirent
néanmoins des hommes d'armes à Torigny qui fut pillé et
brûlé ainsi que les environs [5].

Le 24, les Anglais continuant leurs dévastations, attei-
gnirent Saint-Germain d'Ectot et Torteval [6], localités où
ils passèrent la nuit.

1. *Grandes Chroniques*, t. V. p. 452, *Chronique de Richard Lescot*,
p. 71.

2. *Grandes Chroniques*, t. V, p. 433.

3. Torigny, Manche, arr. de Saint-Lô, ch.-l. de cant. S. Luce, dans
Froissart, t. III, p. xxxvi. note 2, et le P. Denifle dans *La désolation des
églises de France*. p. 37, indiquent par erreur Cerisy (Cerisy la Forêt,
arr. de Saint-Lô, cant. de Saint-Clair) au lieu de Torigny. Aucune
chronique ne fait allusion à cette localité qui est en dehors de la route
suivie par Edouard III (cf. Jean le Bel, éd. Viard et Déprez. t. II,
p. 78, note 2).

4. Sept-Vents ainsi que Cormolain, Calvados, arr. de Bayeux, cant.
de Caumont. Le *Kitchen Journal* (dans G. Le Baker, p. 252) donne
comme séjour d'Edouard III pour le 23 juillet Sept-Vents. La *Chronique
anonyme* (Moisant, p. 163). G. Le Baker, p. 80, et le ms. Cotton Cleopatra publié à sa suite (p. 253), disent qu'il coucha à Cormolain, village
situé à peu de distance.

5. Moisant, p. 163, Richard Lescot, p. 71. G. Le Baker, p. 80, *Chronique normande*, p. 75.

6. Saint-Germain d'Ectot ainsi que Torteval, Calvados, arr. de
Bayeux, cant. de Caumont. Moisant (p. 163) indique par erreur Saint-
Germain-de-Varreville (Manche, arr. de Valognes, cant. de Sainte-
Mère-Eglise).

Le lendemain 25, se dirigeant sur Caen, ils allèrent à
Fontenay-le-Pesnel [1]. Jusqu'alors le roi d'Angleterre n'avait
pas éprouvé de résistance sérieuse. Si quelques pillards
écartés du gros de l'armée furent massacrés par les habitants [2], rien néanmoins n'était venu entraver sa marche.
Mais à l'approche de Caen [3], qui d'après Michel de Northburgh était alors une ville « plus grosse que nulle ville
d'Engleterre, hors pris Loundrez [4] », Edouard III pressentit
que les Français chercheraient à profiter de l'importance de
cette place pour l'arrêter. Il était au reste prévenu que les fugi-
tifs des pays qu'il venait de traverser s'y étaient concentrés.

Cette ville [5] entourée en grande partie par des canaux et
par les bras de l'Orne et de l'Odon, flanquée d'un château
très bien fortifié, pouvait, de l'avis de beaucoup d'hommes de
guerre, offrir un sérieux centre de résistance. Il est vrai qu'elle
n'était alors pas close ou mal close [6]. L'entretien des murailles
et des fossés avait été sans doute négligé ; mais à l'approche

1. Fontenay-le-Pesnel, Calvados, arr. de Caen, cant. de Tilly-sur-
Seulles. Cette localité est donnée par le *Kitchen journal* et par la *Chronique anonyme* (Moisant, p. 163). L'itinéraire du ms. Cotton Cleopatra
(G. Le Baker, p. 253) dit que le mardi 25, Edouard III « gist à Malper-
tuz » (auj. Maupertuis, Calvados, arr. de Bayeux, cant. de Caumont,
commune de Longraye). Ce séjour devrait se rapporter plutôt au
24 juillet, car Maupertuis est beaucoup plus près de Torteval que de
Fontenay-le-Pesnel et dans la direction opposée à celle que suivait l'armée. Dans le cas où un corps de troupes anglaises y aurait été le 25, ce
ne saurait être que l'arrière-garde.

2. Moisant, p. 163.

3. Fontenay-le-Pesnel n'est qu'à 18 kilomètres de Caen.

4. R. d'Avesbury, p. 359.

5. Pour tout ce qui concerne la défense et la prise de Caen, voir l'étude
critique de M. Henri Prentout : *La prise de Caen par Edouard III, 1346.*
Caen, Henri Delesques, 1904, in-8° de 72 p. (Extrait des *Mémoires de
l'Académie nationale des Sciences, Arts et Belles-Lettres de Caen*, 1904).

6. Prentout, *op. cit.*, p. 22. Dans ses lettres du mois de décembre 1346,
par lesquelles Philippe VI autorise les bourgeois et les habitants de
Caen à clore et à fortifier leur ville, il dit très bien que les ennemis
purent s'en emparer « par deffaut de clotures et de forteresse » (Arch.
nat. JJ 68, n° 220).

de l'ennemi, des fossés avaient été creusés, des palissades élevées, des abbayes (au moins l'abbaye Saint-Etienne) [1], for-
tifiées. Aussi, tous ces moyens de défense édifiés à la hâte
manquaient de cohésion et ne résisteraient pas longtemps
aux attaques d'un ennemi aguerri, bien conduit et bien armé.

Si les défenses de la ville laissaient à désirer, renfermait-
elle au moins un nombre d'hommes assez grand pour avoir
quelque chance de tenir tête à l'armée d'Edouard III. Le
chiffre de 30.000 combattants « des communes », en plus de
1.600 hommes d'armes, donné par le roi d'Angleterre [2], est
certainement exagéré. Il comprend sans doute ainsi toute
la population de la ville. Les chroniques anglaises ne nous
fournissent à ce sujet aucune indication précise. La *Chronique anonyme* du collège du *Corpus Christi* de Cambridge [3]
fait seulement connaître le chiffre de la garnison du château qu'elle évalue à 200 hommes d'armes et 100 archers
gênois. Michel de Northburg [4], après avoir dit qu'à son arrivée devant cette cité, Edouard III apprit qu'elle était pleine
d'hommes d'armes [5], constate un peu plus loin que l'abbaye
aux hommes et l'abbaye aux dames ayant été abandonnées
ainsi qu'une partie de la ville, la population s'était retirée de
l'autre côté de l'eau où se trouvaient le connétable et le
chambellan de Tancarville avec cinq ou six cents hommes
d'armes, « et la comune de la ville » [6]. Deux chroniques

1. Prentout, p. 25.

2. Voir J. Delpit : *Collection générale de documents français qui se trouvent en Angleterre* : t. I, p. 71. Edouard III dit que la ville était « mult
afforcie et estuffé de gentz d'armes environ mille et VI[c], et des communes armez et defensables » environ 30.000. Cf. Kervyn de Lettenhove,
Froissart, t. XVIII, p. 286-287.

3. Moisant, *op. cit.*, p. 165.

4. A. Murimuth, p. 213, R. d'Avesbury, p. 359.

5. « Galeatis et armatis aliis erat plena » (A. Murimuth, p. 213).

6. Dans le texte latin de la lettre de Michel de Northburgh on dit :
« cum quingentis vel sexcentis armatis et multis aliis » (A. Murimuth,
p. 214), et dans le texte français « Et plusors gentz à la mountance de
D od DC et la comune de la ville ». (R. d'Avesbury, p. 359).

françaises [1] donnent le chiffre de 4.000 combattants. Si nous le rapprochons des indications fournies par les Anglais, on se rendra compte qu'il doit comprendre et les hommes d'armes et la milice communale. Nous aurions donc l'évaluation vraisemblable des défenseurs de la ville de Caen opposés aux 19.000 hommes dont l'armée anglaise pouvait alors se composer [2].

Le roi d'Angleterre craignant sans doute de compromettre le succès de son expédition en attaquant une ville qui, d'après les renseignements reçus, devait être pourvue d'une nombreuse garnison, commença par y envoyer un parlementaire. Il chargea de cette mission frère Geoffroi de Maldone, de l'ordre des ermites de saint Augustin et professeur en théologie. Par les lettres dont ce religieux était porteur, le roi demandait aux habitants de rendre la ville et le château ; en retour il leur garantissait leurs biens. Si en face de ces propositions il y eut peut-être quelque hésitation [3], elle ne dut pas être de longue durée. L'évêque de Bayeux, Guillaume Bertrand, qu'un différend remontant déjà à quelques années [4] avait irrité contre la famille d'Harcourt, dont un des membres suivait les Anglais, lacéra les lettres et fit jeter en prison l'envoyé d'Edouard III [5].

Le lendemain 26, Geoffroi de Maldone n'étant pas de retour, le roi fit lever le camp dès le matin [6]. Ce que la troupe

---

1. *Chronique normande*, p. 76, *Chronographia regum Francorum*, t. II, p. 224.

2. Ce chiffre donné par M. Prentout, (*op. cit.*, p. 29) peut être accepté. De l'évaluation plus élevée mais non exagérée de l'armée anglaise au moment de son embarquement, fournie par Villani et Jean le Bel, il faut en effet défalquer les mariniers, les hommes qui purent rester sur les vaisseaux et qui ravageaient les côtes, enfin les tués et les blessés dans les attaques des différentes villes.

3. Moisant, p. 167.

4. *Chronique de Richard Lescot*, p. 60, Cf. *Grandes Chroniques*, éd. P. Paris, t. V, p. 425.

5. Moisant, p. 164.

6. « A sompno matutino tubis excitantibus » (Moisant, p. 164).

n'emportait pas fut incendié. Le prince de Galles, à la tête
de l'avant-garde, s'avance vers Caen suivi de chars transpor-
tant les vivres ; vient ensuite Edouard III avec une nombreuse et brillante chevalerie, puis l'arrière-garde. L'armée
anglaise arriva ainsi devant la ville vers neuf heures du
matin [1] et les dispositions furent immédiatement prises pour
l'attaquer de quatre côtés. Les éminences qui la dominent
furent occupées ; le prince de Galles s'installa à l'abbaye aux
Dames qui avait été abandonnée et son père, dans un des
hôtels des faubourgs ; l'arrière-garde campa dans les champs [2].

D'autre part, la défense de Caen avait été ainsi organisée.
L'évêque de Bayeux, avec quatre barons, 200 hommes
d'armes et 100 archers gênois, avait assumé la garde du
château. Trente vaisseaux étaient dans le port avec des
hommes d'armes et de nombreux Gênois pour résister aux
Anglais [3]. Au xive siècle, l'Orne et ses nombreux bras, dans
l'un desquels se jetait l'Odon, divisaient la ville de Caen en
deux parties. Au pied du château, se groupait la vieille ville,
séparée par un bras de l'Orne et par l'Odon de l'autre partie
entourée d'eau de tous côtés et appelée l'île Saint-Jean.
Abandonnant la vieille ville, les habitants et les défenseurs
s'étaient réfugiés dans cette île [4]. Deux ponts permettaient
de passer d'une partie de la ville dans l'autre, le pont Saint-
Pierre et la porte de la Boucherie qui donnait accès à l'île
des Prés. Ce fut sur ces endroits et en particulier sur le pont

---

1. « Circa horam nonam » (A. Murimuth, p. 212). Michel de Northburg qui fournit cette indication doit donner l'heure astronomique tandis que l'auteur de la *Chronique anonyme* (Moisant, p. 165) donne pour
le même fait l'heure canoniale : « Hora quidem tertia, Princeps, ut pre-
mittitur, ingressum ville obtinebat ». L'auteur fait ici allusion à l'entrée
du prince, avant l'attaque, dans la partie abandonnée de la ville.

2. Moisant, p. 162-163.

3. Moisant, p. 165.

4. Froissart, éd. Luce, t. III, p. xxxvii, note 5 : « ville parte fere media
absque habitatore manente desolata » (*Chronique anonyme*, dans
Moisant, p. 165).

Saint-Pierre que les Caennais concentrèrent les moyens de défense.

Après avoir reçu des vivres et des rafraîchissements, dont elle était abondamment pourvue, l'armée anglaise prit ses postes de combat [1]. Le comte de Warwick accompagné d'une troupe peu nombreuse de gens de pied et d'hommes d'armes, sans attendre d'ordres [2], se dirigea vers le pont Saint-Pierre et s'efforça de repousser les Normands. Le comte de Northampton et Richard Talbot, appuyant l'action du comte de Warwick, une lutte acharnée s'engagea autour des obstacles élevés à cet endroit. Les bourgeois prirent courageusement part à la lutte, qui du pont Saint-Pierre s'étendait aux prés et à la boucherie, points les plus menacés [3]. Là eurent lieu de terribles corps à corps [4]. Les femmes même, voyant croître le danger, vinrent en aide à leurs maris, leur apportant des portes et des fenêtres arrachées aux maisons pour les protéger et les abriter, et du vin pour les réconforter. Mais hélas ! tous ces efforts et tout ce courage ne parvinrent pas à faire reculer l'agresseur. Les archers anglais qui accablent les combattants de leurs flèches [5], profitent du mauvais état de l'enceinte et des eaux basses de l'Orne, pour pénétrer dans la ville par plusieurs endroits et prendre les défenseurs du pont à revers [6]. Deux vaisseaux sont brûlés dans le port et les autres abandonnés par leurs

1. Moisant, p. 165.

2. « Sine consilio » (Murimuth, p. 212).

3. « Et le peuple se deffendoit tant qu'il povoit, meismement és prés, sus la boucherie et au pont aussi, pour ce que ylec estoit le plus grant peril » (*Grandes Chroniques*, t. V, p. 453). G. Le Baker (p. 80) dit aussi qu'il y eut une forte lutte « ad pontem, qui acerrime fuerat defensus » (Cf. Guillaume de Nangis, t. II, p. 197. Richard Lescot, p. 72. *Chronographia regum Francorum*, t. II, p. 224).

4. « Pugnant nobiles manus ad manus ad pontis propagula, et diris ictibus feriunt » (*Chronique anonyme*, dans Moisant, p. 165).

5. *Grandes Chroniques*, t. V, p. 453.

6. Moisant, p. 165, Froissart, éd. Luce, t. III, p. 145 et 377, *Chronique normande*, p. 76.

équipages. A l'aide de barques, les Anglais franchissent l'Odon et les bras de l'Orne [1]. Aussi, devant le nombre croissant des ennemis, les Français lâchent pied et se réfugient dans le château ou dans les maisons [2]. Poursuivis par leurs adversaires, les uns continuent à se défendre avec acharnement et font pleuvoir sur eux ce qu'ils ont sous la main, pierres, bancs, mortiers, etc. [3], les autres s'enfuient par la porte Millet [4]. Irrités par les pertes cruelles qu'ils subissent et par cette résistance prolongée, les Anglais incendient un certain nombre d'immeubles près du pont [5] et ne font pas de quartier. Plusieurs de ceux qui s'étaient réfugiés dans les maisons, jugeant que la prolongation de la lutte était inutile et ne pouvait que les exposer à la mort, se rendirent, espérant sauver leur vie ; ils furent néanmoins égorgés sans pitié. Les Anglais n'épargnèrent que peu de chevaliers dont ils espéraient tirer une forte rançon [6].

Parmi ceux qui se rendirent, il faut signaler d'une manière particulière le connétable Raoul comte d'Eu et le sire de Tancarville. Réfugiés dans la porte qui gardait l'entrée du pont, ils voyaient le carnage par les meurtrières [7]. Redoutant de tomber entre les mains des archers et des gens de pied, ils cherchèrent parmi les combattants s'ils ne reconnaîtraient pas quelque chevalier plus accessible à la pitié. Leurs regards s'arrêtèrent sur Thomas de Holland, homme d'armes qu'ils avaient connu dans les croisades contre les païens de la Baltique et les Maures de Grenade, et sur quelques bacheliers qui l'accompagnaient. Ils sortirent donc de leur refuge [8] et se rendirent, le comte d'Eu à Thomas de

1. Moisant, p. 166.
2. Jean le Bel, t. II, p. 81.
3. Froissart, t. III, p. 145.
4. *Chronique normande*, p. 76.
5. Moisant, p. 166.
6. Moisant, p. 166.
7. Jean le Bel, éd. Viard et Déprez, t. II, p. 82.
8. *Grandes Chroniques*, t. V, p. 453.

Holland et le sire de Tancarville à Thomas Damers, bachelier du prince de Galles [1].

Après avoir pris ou massacré les défenseurs, les Anglais livrèrent la ville au pillage. Elle était riche, aussi, il y « fu trouvé et robé innombrable trésor, et peut on vir grande pité de bourgoys, de bourgoises, de leurs femmes, filles et enfans qui ne sçavoient où aler ; ains veoit chascun devant soy son proesme murdrir, la mere et la seur, ou la femme ou la fille enforchier, les maisons brisier et l'avoir rober » [2]. Le pillage continua pendant la journée du 27 ; joyaux, vêtements, ornements, tout fut enlevé et chargé sur les navires anglais [3]. On ne laissa que les murailles, suivant le témoignage de Richard Wynkeley [4]. Non seulement Caen fut ainsi dépouillé et ravagé : mais le 28, se répandant dans les environs, la soldatesque incendia et pilla tout le pays. Ce fut sans doute en saccageant les archives communales [5] que les ennemis trouvèrent les lettres adressées par Philippe de Valois aux Normands, le 23 mars 1339 (n. st.), pour les engager à préparer une descente en Angleterre [6]. Envoyées immédiatement à Londres, elles y furent lues dans le cime-

1. Moisant, p. 166. Chronique de H. Knighton, t. II, p. 34. Cf. Prentout, *La prise de Caen*, p. 37, note 4. Philippe VI fit don à Jean de Melun sire de Tancarville de 3.000 écus d'or pour l'aider à payer sa rançon (*Journaux du trésor de Philippe VI de Valois*, nᵒˢ 1018, 1245, 2640) et lui permit, au mois d'août 1347, d'aliéner jusqu'à 300 liv. de rente ou de terre pour le même motif (Arch. Nat., JJ 77, n° 216). En sa compagnie furent pris Maciot Choflin, auquel Jean duc de Normandie fit donner 29 liv. t. le 7 octobre 1349. (L. Delisle, *Actes normands de la Chambre des Comptes sous Philippe VI de Valois*, p. 410, n° 236), Gui de Tournebu sire de Grimbosq et Friquet de Fricamps (*Chronique normande*, p. 76).

2. Jean le Bel, t. II, p. 83, Froissart, éd. Luce, t. III, p. 147, 374, 378.

3. Moisant, p. 167.

4. « Usque ad nudos parietes spoliata » (dans Murimuth, p. 215).

5. Prentout, *La prise de Caen par Edouard III*, p. 43.

6. Le texte de ces lettres est donné par Murimuth, p. 205, par R. d'Avesbury, p. 364, par Kervyn de Lettenhove, éd. de Froissart, t. XVIII, p. 67, n° xxiv, par Rymer, *Fœdera*, t. III, 1ʳᵉ partie, p. 76.

tière de Saint-Paul par Jean de Stratford, archevêque de Cantorbéry, afin de stimuler le peuple et de l'engager à prier pour le succès du roi dans cette expédition contre la France[1].

A la suite de ces massacres et de ces déprédations, la terreur se répandit dans toute la contrée. Le 29 juillet, les bourgeois de Bayeux, craignant de subir le sort des Caennais, députèrent à Edouard III quinze des principaux d'entre eux pour lui rendre la ville[2]. Il est certain que la sauvagerie avec laquelle les Anglais agirent depuis leur débarquement et les atrocités qu'ils commirent à Caen en particulier, durent vivement impressionner les Normands qui pendant plus d'un siècle avaient vécu à l'abri des horreurs de la guerre. Si la ville de Caen ne fut pas détruite, sa population fut au moins décimée. Les Anglais ne font pas connaître le nombre d'hommes d'armes qui furent tués en la défendant et ne donnent qu'un chiffre approximatif de prisonniers : une centaine de chevaliers environ et 120 ou 140 écuyers[3].

1. A. Murimuth (p. 211) dit qu'elle fut lue le 12 août et R. d'Avesbury (p. 363), la veille de l'Assomption, avant la procession pour la paix.

2. Moisant, p. 167.

3. Ce sont les chiffres donnés par Michel de Northburg (Murimuth, p. 214 et R. d'Avesbury, p. 359). Barthélemy de Burghersh dit qu'il y eut environ entre 120 et 140 chevaliers pris et tués. (Murimuth, p. 203). La *Chronique anonyme* publiée par Moisant (*Le prince noir en Aquitaine*, p. 166), donne le nombre de 95 « nobles » prisonniers, sans distinguer les chevaliers des écuyers. Geoffroi Le Baker (p. 80) dit qu'il y eut 144 chevaliers tués et pris, y compris le comte d'Eu et le chambellan de Tancarville. Comme ne devaient guère compter pour les Anglais que les prisonniers dont ils pouvaient tirer une forte rançon, on peut estimer, d'après les évaluations de leurs écrivains, que le chiffre d'une centaine de chevaliers faits prisonniers est bien près de la vérité. Michel de Northburg y ajouta les écuyers qui furent négligés par les autres. Froissart (éd. Luce, t. III, p. 147) dit aussi qu'Edouard III fit à Caen plus de 60 chevaliers et 300 riches bourgeois prisonniers. Dans le ms. d'Amiens (id. p. 374) il donne d'autres chiffres « Et avoient pris par droit compte en le ville de Kem cent et sept chevaliers et plus de quatre cens riches bourgois ».

Mais, ce fut surtout parmi la population civile que les victimes de la cruauté et de la rapacité anglaises furent considérables. La *Chronique anonyme* donne le chiffre de 2.500 cadavres, sans compter ceux qui furent tués en fuyant hors de la ville[1]. Barthélemy de Burghersch [2] estimant à 5.000 environ le nombre des bourgeois et des gens du peuple qui furent pris ou tués, n'est sans doute pas loin de la vérité[3]. Quant à Michel de Northburgh [4], il ne donne pas de chiffres mais dit que les cadavres dépouillés de tout ce qu'ils portaient et laissés nus, jonchaient les rues, les jardins et les maisons.

Du côté anglais, les pertes furent certainement moins considérables. Elles durent néanmoins être encore assez élevées, surtout parmi les archers et les gens de pied. Quand Michel de Northburg dit [5] que parmi les leurs « nul gentilhomme » ne fut tué et que seul, un écuyer grièvement blessé mourut deux jours après, il peut être de bonne foi, car à ses yeux comme aux yeux de beaucoup de ses contemporains, la « piétaille » ne comptait pas. Cependant, la résistance acharnée des bourgeois n'eut certainement pas lieu sans faire bon nombre de victimes chez les ennemis. Selon

1. Moisant, p. 166.

2. Dans Murimuth, p. 202.

3. Villani, *op. cit.*, dans Muratori, *Rerum italicarum scriptores*, t. XIII, col. 944, estime aussi à 5.000 le nombre des tués du côté français et le *Bourgeois de Valenciennes* à environ 3.000 (Kervyn de Lettenhove, *Froissart*, t. IV, p. 490). Cf. Knighton, *Chronique*, t. II, p. 34. Suivant G. Le Baker, p. 80, il y eut plus de 1.300 bourgeois tués, et suivant la *Chronique normande* (p. 76), plus de 2.000 tués. D'après des lettres de Philippe de Valois, du mois d'octobre 1347, il y aurait eu, à la prise de Caen, environ 500 tués, tant de « nostre lignage » que d'autres, et ils auraient été enterrés dans une pièce de terre « seant dedens l'enclos » du cimetière de l'église paroissiale de Saint Jean de Caen. (Arch. Nat. JJ 68, fol. 439). Dans ce chiffre de 500 tués, Philippe VI ne doit comprendre que les nobles et les chevaliers.

4. Dans Murimuth, p, 212 et dans R. d'Avesbury, p. 358.

5. Dans Murimuth, p. 214 et dans R. d'Avesbury, p. 359. Cf. Knighton, t. II, p. 34.

Froissart [1], ils auraient perdu plus de cinq cents hommes dès le premier jour, et Edouard III si « durement courouciés au soir quand on l'en dit le verité » aurait ordonné de mettre le lendemain tout à feu et à sang. D'après le même chroniqueur, la ville ne fut sauvée que grâce à l'intervention de Godefroi de Harcourt qui aurait recommandé au roi d'épargner ses troupes au lieu d'acculer les habitants de Caen à une résistance désespérée.

Si le massacre ne fut pas général, le pillage le fut et procura aux Anglais un butin énorme. Draps, joyaux, argenterie furent chargés sur des vaisseaux ; on y fit monter en même temps les prisonniers [2] et le tout fut transporté en Angleterre sous les ordres du comte de Huntington qui était tombé malade.

Deux cents vaisseaux détachés de la flotte anglaise pour appuyer les opérations de l'armée de terre étaient venus jeter l'ancre à Ouistreham [3], port situé à l'embouchure de l'Orne. Partis de Saint-Vaast-de-la-Hougue, ils avaient suivi les côtes normandes, faisant de continuelles descentes à terre pour piller et ravager le pays jusqu'à plusieurs lieues dans l'intérieur [4]. Ils vinrent ainsi jusqu'aux roches de

1. Froissart. éd. Luce, t, III, p. 145 et 377.

2. Dans le ms. de Rome, Froissart (éd. Luce, t. III, p. 381), dit que cinq cents prisonniers furent embarqués. Dans ce nombre, il ne compte pas que les bourgeois de Caen, comme dans la première rédaction (id. p. 147) mais aussi les « rices hommes des viles » où les Anglais avaient passé. Il ajoute à ce chiffre « bien soissante chevaliers et esquiers ». Edouard III, dans sa lettre écrite après la prise de Caen (Delpit, *Collection générale de documents français qui se trouvent en Angleterre*, t. I, p. 71-72), dit qu'avec le comte d'Eu et le chambellan de Tancarville, il y eut 140 chevaliers et bannerets pris, et beaucoup d'écuyers, de riches bourgeois et de gens des communes. Parmi les prisonniers figurait aussi Georgette de Mollay, abbesse de la Sainte-Trinité (G. Le Baker, p. 80 et 257).

3. Ouistreham, Calvados, arr. de Caen, cant. de Douvres.

4. Suivant Michel de Northburg, dans R. d'Avesbury (p. 359) jusqu'à deux ou trois lieues. Suivant la *Chronique anonyme*, dans Moisant (*op. cit.*, p. 167) jusqu'à neuf lieues.

Maisy [1] à l'embouchure de la Vire, où ils séjournèrent en
attendant l'armée d'Edouard III qui marchait sur Saint-Lô.
Lorsque le roi d'Angleterre, après avoir pris cette ville, se
dirigea sur Caen, la flotte cingla dans la même direction et
alla jusqu'à Ouistreham. Sur toute cette étendue de côtes
estimée par Michel de Northburgh [2] à 120 lieues anglaises,
elle continua ses déprédations et ses ravages. Selon ce clerc
et conseiller d'Edouard III, elle aurait alors brûlé 61 vaisseaux
de guerre, avec château devant et derrière, 23 crayers, sans
compter beaucoup d'autres petits bateaux de 21 à 30 tonneaux de vin.

Lorsque l'embarquement du butin et des prisonniers fut
terminé, Edouard III ne s'attarda pas au siège du château
qui, grâce à sa situation et à la garnison qu'il renfermait,
pouvait résister longtemps. Avec l'évêque de Bayeux, on y
comptait en effet 4 barons, 100 archers gênois et 200 hommes
d'armes [3]. Pendant le sac de la ville ces hommes n'étaient
pas sortis de leur forteresse [4] ; ils formaient donc une force ;
augmentée de ceux qui avaient été épargnés et des habitants
des campagnes obligés de fuir leurs demeures incendiées et
dévastées, elle pouvait harceler l'arrière-garde de l'armée
anglaise et la gêner dans sa marche. Aussi, le 31 juillet [5],
quand le roi d'Angleterre, après être resté cinq jours à
Caen, quitta cette ville pour se diriger sur Troarn, il y laissa
1.500 hommes afin d'essayer de prendre le château, ou au
moins pour empêcher la garnison d'en sortir [6]. Cette dernière se mit de suite en mesure de leur résister. Une maison
qui se trouvait devant la porte du château et servait de rési-

1. Maisy, Calvados, arr. de Bayeux, cant. d'Isigny.
2. A. Murimuth, p. 214. R. d'Avesbury, p. 359. Cf. Moisant, p. 167,
G. Le Baker, p. 80.
3. Moisant, p. 165.
4. Moisant, p. 166. *Grandes Chroniques*, éd. P. Paris, t. V, p. 453-
454.
5. *Kitchen journal*, dans Geoffroi Le Baker, p. 252.
6. *Chronique normande*, p. 77, note 1.

dence au vicomte de Caen fut brûlée par les Gênois de
crainte que les Anglais ne s'y établissent[1]. Ce siège ne dut
pas être de longue durée. Les habitants échappés au massacre ou revenus dans les décombres de leur ville, s'étant
probablement concertés avec les gens d'armes retranchés
dans le château, tuèrent tous les Anglais lors d'une sortie de
cette garnison [2].

Depuis plus de quinze jours, c'est-à-dire depuis le
12 juillet que les Anglais débarqués à Saint-Vaast-de-la-
Hougue ravageaient la Normandie, que faisait Philippe de
Valois? Si l'on ne s'en rapportait qu'à Jean le Bel[3] et à
Froissart[4], on penserait qu'il attendit son ennemi à Paris
sans chercher à entraver sa marche. Il n'en fut pas ainsi.
Nous pouvons nous rendre compte par d'autres chroniques[5]
et par son itinéraire[6] que dès qu'il put être prévenu de
l'agression d'Edouard III, il rassembla une armée et se
porta à sa rencontre pour chercher à lui barrer la route.

Le 12 juillet, jour où le roi d'Angleterre prenait pied dans
la presqu'île de Cotentin, sans que rien ait pu faire pressen-
tir une agression dans cette province, Philippe VI était non
loin de Paris, dans son château de Becoiseau[7]. Comme nous
l'avons vu, les mesures prises sur le littoral de la Manche,
sinon pour empêcher, au moins pour retarder un débarquement, avaient totalement échoué. Pour résister à la flotte et
à l'armée anglaises, il eût fallu à Saint-Vaast-de-la-Hougue

1. *Chronique de Richard Lescot*, p. 72, note 1.

2. *Chronique normande*, p. 77, note 1, *Chronographia regum Francorum*,
t. II, p. 225.

3. *Chronique de Jean le Bel*, éd. Viard et Déprez, t. II, p. 84 à 86, 87.

4. *Chroniques de Froissart*, éd. Luce, t. III, p. 149, 379, 380, 382.

5. Voir en particulier : *Grandes Chroniques*, t. V, p. 454, *Chronique de
Guillaume de Nangis*, continuation, t. II, p. 198, *Chronique de Richard
Lescot*, p. 72, *Chronique normande*, p. 77, *Chronique des quatre premiers
Valois*, p. 15.

6. J. Viard, *Itinéraire de Philippe VI de Valois*, p. 100.

7. Becoiseau, Seine-et-Marne, arr. de Coulommiers, cant. de Rozoy-
en-Brie, commune de Mortcerf.

des forces infiniment supérieures à celles que le roi de
France, obligé d'assurer la sécurité d'une grande étendue
de côtes, avait pu y concentrer. Sauf à Caen, la résistance
qu'Edouard III rencontra dans les villes qu'il traversa ne put
pas beaucoup retarder sa marche. Il ne faut donc pas être
surpris qu'il se soit ainsi avancé en Normandie avant que
Philippe VI ait eu le temps d'organiser une armée pour chercher à l'arrêter.

Une distance d'environ 400 kilomètres sépare en effet
Saint-Vaast-de-la-Hougue de Becoiseau. Le roi ne dut donc
pas être prévenu du débarquement de son adversaire avant
le 15 ou le 16 juillet au plus tôt. A l'une de ces deux dates en
avait-il connaissance? nous l'ignorons, mais il se rapprochait déjà de Paris. Il séjourna à Romainvilliers [1] pendant
ces deux journées. Ce fut même vers cette époque que probablement la nouvelle lui parvint, car dès le 19 nous le
trouvons à Vincennes où il resta au moins trois ou quatre
jours, sans doute pour organiser l'expédition [2]. De Vincennes
il alla prendre l'oriflamme à Saint-Denis et se placer sous la
protection de l'apôtre des Gaules ; il y était dans les journées des 22 et 23 juillet [3]. Après cette date, il se dirigea sur
Rouen en passant par Saint-Germain-en-Laye et par Vernon [4].
Il franchit très rapidement la distance qui séparait Rouen de
cette dernière ville où il était encore le 30 juillet, car dès le
2 août, on constate sa présence dans la capitale de la Normandie [5].

Il est certain que si Philippe VI voulait empêcher son

1. Romainvilliers, Seine-et-Marne, arr. de Meaux, cant. de Crécy-en-
Brie, comm. de Bailly-Romainvilliers.

2. L'*Itinéraire* (p. 100) indique qu'il était au Bois de Vincennes les 19
et 21 juillet.

3. *Itinéraire* (p. 100), *Chronique et annales de Gilles le Muisit*, éd.
H. Lemaître, p. 152.

4. Il était à Saint-Germain-en-Laye le 25 juillet et à Vernon (Eure,
arr. d'Evreux, ch.-l. de cant.) les 29 et 30. (*Itinéraire*, p. 100).

5. *Chronique des quatre premiers Valois*, p. 15.

adversaire de s'emparer de cette ville, il ne devait pas perdre
de temps. A peine Edouard III eut-il quitté Caen qu'il se
dirigea en toute hâte sur Rouen ; sa prise aurait non seulement un effet moral considérable, mais encore le rendrait
maître du cours inférieur de la Seine et lui permettrait,
comme nous le verrons plus loin, d'opérer sa jonction avec les
Flamands ses alliés. Le lendemain du jour où il avait quitté
Caen, soit le 31 juillet, on le trouve à Troarn [1], ville située
au-dessus d'un marais [2] avec une abbaye fortifiée et capable
de se défendre. Elle n'offrit pas cependant une grande résistance, mais fut ravagée et détruite comme beaucoup d'autres
villages [3], tels qu'Argences [4], situé à environ 8 kilomètres
au sud de Troarn, Saint-Pierre du Jonquet [5], Rumesnil [6],
Léaupartie [7] dans lesquels on constate la présence de l'armée
anglaise au 1er août.

Le lendemain 2 août, le roi d'Angleterre était à Lisieux, à
environ 15 kilomètres de Léaupartie. Il rencontra dans cette
ville deux cardinaux : Annibal de Ceccano, évêque de Tus-
culum, et Etienne Aubert, cardinal prêtre du titre de Saint-
Jean et Saint-Paul, envoyés par le Pape pour chercher à

1. G. Le Baker, p. 252 et 253. Troarn, Calvados, arr. de Caen, ch.-l.
de cant. C'est sans doute la localité appelée *Crouchart*, dans la *Chronique
latine de Guillaume de Nangis*, t. II, p. 198.

2. « In marisco situata » (G. Le Baker, p. 80). Troarn, situé sur la
Muance, affluent de gauche de la Dive et à un kilomètre de ce fleuve, en
est séparé en effet par une vallée marécageuse.

3. Guillaume de Nangis, t. II, p. 198.

4. Argences, Calvados, arr. de Caen, cant. de Troarn.

5. Saint-Pierre-du-Jonquet, Calvados, arr. de Caen, cant. de Troarn.
Dans l'Itinéraire d'Edouard III donné dans l'édition de G. Le Baker,
p. 253, cette localité est appelée : « seint Pier sour Dive » ; située en
effet non loin de la Dives, elle ne doit néanmoins pas être confondue
avec Saint-Pierre-sur-Dives, ch.-l. de canton de l'arrondissement de
Lisieux, qui est à près de 20 kilomètres au sud.

6. Rumesnil, Calvados, arr. de Pont-l'Evêque, cant. de Cambremer.
« de nocte venerunt ad Romenil, omnia comburentes » (G. Le Baker,
p. 80).

7. Léaupartie, Calvados, arr. de Pont-l'Evêque, cant. de Cambremer.

négocier la paix entre lui et Philippe VI. La mission
dont ils étaient chargés et le caractère dont ils étaient
revêtus ne les mirent pas à l'abri de la rapacité des
Gallois qui leur prirent vingt grands chevaux [1]. Ils cherchèrent néanmoins à s'acquitter de cette mission le mieux
possible ; Edouard III, de son côté, sembla écouter les propositions qu'ils lui firent et séjourna à Lisieux le 2 et le
3 août, afin de leur donner le temps qui pourrait leur être
nécessaire pour arriver à leurs fins. Selon Richard
Winkeley [2], après avoir vu Philippe de Valois, pour
conclure la paix, ils auraient offert à Edouard III de tenir
le duché de Guyenne comme le tenait son père [3], et lui
auraient encore fait entrevoir d'autres avantages à la suite
d'un mariage qui pourrait être conclu. Le roi d'Angleterre ne
sembla pas prendre au sérieux ces propositions [4], et après
leur avoir rendu les chevaux que les Gallois avaient dérobés,
leur donna le 3 août un sauf-conduit [5] pour leur permettre
de regagner la cour pontificale.

Les événements qui se déroulaient en Flandre au moment
où les cardinaux étaient en pourparlers avec le roi d'Angleterre, feront comprendre pourquoi il ne s'attarda pas à
les écouter. Quand Edouard III prépara son expédition en
France et qu'il fut sur le point de lever l'ancre [6], il s'entendit avec les communes des villes de Gand, de Bruges,
d'Ypres et avec toute la Flandre afin d'en obtenir de l'aide et
des subsides. Par ses lettres du 20 juin 1346, il nomma

1. *Eulogium historiarum*, t. III, p. 206.

2. Dans A. Murimuth, p. 215 et dans R. d'Avesbury, p. 362.

3. L'*Eulogium historiarum*, t. III, p. 206, ajoute le Ponthieu au duché
de Guyenne.

4. « Rex autem illam missionem frivolam reputans pro nullo » (*Eulogium historiarum*, t. III, p. 206).

5. Rymer, *Fœdera*, t. III, 1re partie, p. 88.

6. « Cum nos ad partes transmarinas, pro expeditione guerræ Fran-
ciæ, simus jam, mediante Domino, profecturi. » (Lettres du 20 juin 1346).
Rymer (*op. cit.*, p. 83).

même un de ses parents [1], Hugues d'Hastings, son capitaine et son lieutenant dans la terre de Flandre et le chargea du commandement des troupes de ce pays destinées à combattre la France [2]. Peu après, le 28 juin 1346 [3], il lui confia également le soin de juger et de terminer les querelles et les différends qui avaient pu s'élever entre Flamands et Anglais. Enfin, la veille de son départ, le 10 juillet, il pria encore les échevins et les consuls des villes de Bruges, de Gand et d'Ypres d'exécuter sans retard ce qu'il leur demandait. Il ajoutait que confiant dans la justice de sa cause, il espérait un résultat favorable [4]. Le 16 juillet suivant, Hugues d'Hastings se rendit en Flandre avec 20 vaisseaux et 600 archers pour préparer l'attaque contre Philippe VI dans le Nord [5], tandis qu'Edouard III l'assaillait à l'ouest. Le rapprochement des dates et la presque simultanéité de l'offensive en Flandre et en Normandie, font ressortir le plan du roi d'Angleterre. Il voulait traverser rapidement cette dernière province, franchir la Seine afin d'opérer sa jonction avec ses alliés qui venaient à sa rencontre, et ainsi, à la tête d'une forte armée, chercher ensuite à écraser son adversaire qui avait toujours une grande partie de ses troupes retenues en Gascogne.

Hugues d'Hastings n'était sans doute allé en Flandre qu'après avoir appris l'heureux débarquement d'Edouard III à Saint-Vaast-de-la-Hougue. Tenu au courant, probablement par la voie de la mer, de la marche et des succès de l'armée anglaise [6], il dut rappeler aux Flamands l'engagement pris

1. « De sanguine nostro ».

2. « Ductorem hominum ejusdem terræ, et ad faciendum exercitum et cavalcatas contra inimicos nostros de Francia, et ad eosdem hostes expugnandum et destruendum. » Rymer (*op. cit.* p. 83).

3. Rymer (*op. cit.,* p. 84).

4. Rymer (*op. cit.,* p. 85).

5. Villani, dans *Rerum italicarum scriptores,* t. XIII, p. 946.

6. « Eo tunc Flamingi qui tunc federati erant cum rege Anglie... cum audissent que faciebat rex Anglie in Normanniam, in magna multitudine ingressi sunt comitatum Arthesii » (*Chronographia regum Francorum,* éd. Moranvillé, t. II, p. 225).

par eux à Gand, le 24 juin, de suivre le roi d'Angleterre,
ou son représentant, partout où il voudrait les conduire [1].
Ils s'armèrent donc et le 2 août [2], les habitants de Gand, de
Bruges et d'Ypres, ainsi que tout l'ensemble du pays, sous le
commandement d'Henri de Flandre, qui, disait-il, l'avait
accepté malgré lui et sous celui de plusieurs Anglais [3], cherchèrent à envahir le comté d'Artois [4]. Repoussés avec pertes
au pont d'Estaires [5], ils franchirent la Lys [6] à Merville, ravagèrent la terre de l'Alleu Saint-Waast [7], et le 10 août
brûlèrent la ville de Saint-Venant [8]. La garnison du château
leur résista et en tua un certain nombre dans une embus-
cade [9]. Ils durent donc en faire le siège, et ne parvinrent
devant Béthune que dans la nuit du 14 au 15 août [10]. La ville
renfermait beaucoup de sergents et d'arbalétriers venus
d'Arras [11]. Ils étaient commandés par Geoffroi d'Annequin,

1. « Eodem anno, in festo sancti Johannis Baptiste, concordaverunt
Flandrenses unanimiter esse cum rege Anglie in villa Gandensi et quod
ad nutum ejus vel alicujus de sanguine suo irent quocunique vellet eos
ducere » (Gilles le Muisit, *Chronique et annales*, éd. Lemaître, p. 151).

2. H. Knighton, *Chronique*, t. II, p. 34, dit le 1ᵉʳ août.

3. « Capitanios habuerunt Anglicos assignatos ; scilicet : dominum
Hugonem Hastyngys, dominum Johannem Moleynes, dominum Johannem Mautravers » (H. Knighton, *op. cit.*, p. 35).

4. Gilles le Muisit, p. 152, *Chronographia regum Francorum*. t. II,
p. 225.

5. Estaires, Nord, arr. d'Hazebrouck, cant. de Merville. « Et fuit ibi
bellum, cesis et submersis pluribus de Flamingis » (Gilles le Muisit
p. 152).

6. Et non l'Escaut, comme le dit par erreur Kervyn de Lettenhove,
(*Histoire de Flandre*, t. III, p. 303).

7. Auj. partie de l'arrondissement de Béthune.

8. Saint-Venant, Pas-de-Calais, arr. de Béthune, cant. de Lillers.

9. Gilles le Muisit, p. 154.

10. « In nocte Assumptionis venerunt Flamingi cum Anglicis ante
Betuniam » (Gilles le Muisit, *id.*).

11. « Et quasi octoginta homines de Attrebato, quorum multi erant
balistarii » (*Chronographia regum Francorum*, t. II, p. 225). La *Chronique
normande*, p. 76, donne le chiffre de « VIIIᵐ sergens et arbalestiers » qui
parait une erreur pour VIIIˣˣ, soit 160, indiqués par le ms. 5610.
(Bibl. nat.) de la même chronique et qui semblerait le chiffre exact.

Jean de Châtillon et le seigneur du Peu. A l'approche de
l'ennemi, Geoffroi d'Annequin incendia les faubourgs et se
cacha dans un bois voisin de la ville. Les Flamands pensant
qu'un parti des leurs avait allumé cet incendie, s'appro-
chèrent sans défiance et en désordre. Geoffroi les attaqua,
leur infligea de sérieuses pertes et rentra sain et sauf en
ville, tandis qu'ils évacuaient sur la Flandre leurs morts et
leurs blessés, par terre et par eau [1]. Le lendemain de l'Assomption, soit le 16 août, pour chercher à réparer
leur premier échec, ils assaillirent la ville du matin jusqu'au soir. Ils ne réussirent pas mieux ; le nombre des tués
et des blessés fut élevé de leur côté ; leur chef, Henri de
Flandre, fut même au nombre de ces derniers, tandis que
parmi les Français les pertes furent insignifiantes [2].

Pendant que dans le Nord, les Flamands cherchaient ainsi,
malgré leurs échecs, à pénétrer dans l'Artois, Edouard III
se rapprochait rapidement de la Seine qu'il allait être
obligé de traverser pour opérer sa jonction avec ses alliés.
Les cardinaux ayant donc quitté Lisieux le 3 août, il reprit
sa marche sans retard [3], incendiant et ravageant tout sur son
passage [4]. Le 4, sa présence est signalée à Duranville et au
Theil-Nollent [5], deux localités voisines l'une de l'autre.
Le 5, après avoir passé par Brionne [6] et le Bec-Hellouin [7]

---

1. « Per currus et per aquam » (Gilles le Muisit, p. 154).

2. « Et de villa non ceciderunt nisi sex, ut dicebatur. » Gilles le Muisit,
p. 155.

3. *Les Grandes Chroniques* (éd. P. Paris, t. V, p. 454), disent qu'après
Lisieux, les Anglais « vindrent vers Falaise, mais il trouverent qui leur
resista viguereusement ». Dans aucune autre chronique on ne trouve
d'allusion à cette marche sur Falaise qui écartait singulièrement
Edouard III de sa route. Une troupe de pillards tenta-t elle un coup de
main sur cette ville, nous ne saurions le dire, mais le gros de l'armée
anglaise alla directement sur Brionne.

4. Guillaume de Nangis, t. II, p. 197-198.

5. Toutes deux, Eure, arr. de Bernay, cant. de Thiberville.

6. Brionne, Eure, arr. de Bernay, ch. l. de cant.

7. Le Bec-Hellouin, Eure, arr. de Bernay, cant. de Brionne : «per mo-

où son armée prit des vivres, il fit halte au Neubourg [1], où
il dut séjourner encore pendant la journée du 6 [2].

Après le Neubourg, voulant sans doute attirer les forces
de Philippe VI sur Rouen, il change de direction et marche
sur Elbeuf [3], c'est-à-dire dans la direction de la capitale de
la Normandie. La tactique qu'il suivit alors est la preuve
qu'il voulait détourner l'attention de Philippe de Valois et le
retenir à Rouen tandis qu'il chercherait à franchir la Seine en
amont. En effet, le 6 août, Godefroi d'Harcourt seul marcha
sur Rouen [4] pour reconnaître son état [5]. Il alla au-delà de la
forêt actuelle de Rouvray, jusqu'à une léproserie appelée la
Salle as Puchellez, située sur la paroisse de Petit-Quevilly [6].
Là il apprit que Philippe VI occupait la ville et le château
avec son armée et que le comte d'Harcourt [7] et Louis de
Thouars, comte de Dreux, chargés de la défense de Rouen,
avaient fait couper le pont Mathilde. Des fossés et des chausse-
trapes avaient été également creusés autour de cette ville, qui

nasterium de Becco-Helluini transierunt, ibique non nocuerunt, nisi
quod victualia receperunt ». (G. de Nangis, t. II, p. 198).

1. Le Neubourg, Eure, arr. de Louviers, ch.-l. de cant.

2. *Chronique* de G. Le Baker, p. 80, et p. 252 et 253.

3. Le *Kitchen journal* (G. Le Baker, p 252) nous apprend qu'il fut à Elbeuf
le lundi 7 août. Le ms. Cotton Cleopatra DVII, fol. 179 (dans G. Le Baker,
p. 253) l'y fait venir la veille. « Le demenge [6 aug.] gist a Elebeof sour
Seyne [Elbeuf] ou viendrent les cardinalx autre foiz au roi, et vient ove
eux une ercevesque de France, et tantost fuirent responduz. » Il semble
que dans ce manuscrit on place à Elbeuf la seconde entrevue des cardinaux avec Edouard III, qui d'après la *Chronique anonyme* (Moisant, *op.
cit.*, p. 168) eut lieu quelques jours après, le 10, à Freneuse. (Cf. G. Le
Baker, p. 252).

4. *Chronique normande de Pierre Cochon*, éd. Robillard de Beaurepaire,
p. 67 à 70.

5. « Il chevaucha jusquez à Rouen et vint devant la ville vers la Ques-
noye, le sixiesme jour d'aoust, et estoit monseigneur Godefroy de
Harecourt, guideur, conduiseur et gouverneur de l'ost dudit roy
Edouart. » (*Chronique des quatre premiers Valois*, p. 15).

6. Petit-Quevilly, Seine-Inférieure, arr. de Rouen, cant. de Grand-
Couronne.

7. Le frère de Godefroi d'Harcourt.

38

n'avait pas alors d'enceinte [1], pour arrêter les gens-d'armes, et à l'approche des Anglais plusieurs maisons furent brûlées près de l'abbaye de Notre-Dame-du-Pré [2]. Le traître, après une escarmouche [3], revint auprès d'Edouard III qui ne tenta pas l'attaque, mais essaya certainement de traverser la Seine à Elbeuf [4]. N'ayant pas réussi, il se dirigea sans retard sur Pont-de-l'Arche. Il avait espéré surprendre cette ville et son château. Philippe VI l'y ayant devancé avec de nombreuses troupes [5], il dut se retirer [6] ; mais avant son départ, le roi

1. Cf. *Chronique normande de Pierre Cochon*, p. 69. On fit surtout ces fossés en dehors de la ville et du château « ou camp du Pardon ».

2. Auj. Bonnenouvelle, commune de Rouen. Les Anglais pillèrent aussi le monastère de Saint - Mathieu ou des emmurées, près de Rouen, dont les religieuses s'étaient enfuies à leur approche. (Delisle. *Actes normands de la Chambre des Comptes sous Philippe VI de Valois*, p. 418, n° 248). Ce monastère était établi sur la rive gauche de la Seine, en face de Rouen, près de Saint-Sever et de l'abbaye de Notre-Dame-du-Pré, à l'extrémité de la boucle dans laquelle se trouve la forêt de Rouvray.

3. « Et devant la ville oult ung pongneys » (*Chronique des quatre premiers Valois*, p. 15).

4. G. Le Baker, p. 80, fait allusion à cette tentative. « Et postea apud Celebecf super Seganam, et ibi Wallici Seganam transnataverunt, patriotis invitis resistantibus, et plures corum occiderunt » Cf. *Eulogium historiarum*, t. III, p. 208, dont le récit concorde avec celui de Geoffroi Le Baker et fait encore mieux comprendre, malgré la rodomontade finale, qu'il dut y avoir alors un sérieux engagement qui échoua. « Pons autem Sequanæ fluminis dirutus a Normannis, nihilominus Walenses ultra aquam natantes et multos de Normannia occidentes absque damno redierunt, quasdam naviculas secum adducentes, in quibus quidam de Anglis armati aquam transierunt et bene centum et quinque Normannos qui posteriora sua Anglis sæpe ostenderant, occiderunt ».

5. *Grandes Chroniques*, t. V, p. 454.

6. « Et envoya le roy Edouart au Pont de l'Arche pour assaillir la ville, mais il y avoit des gens grant quantité, par quoy assaillir ne l'oserent et se retrairent. » (*Chronique normande*, p. 78). « Deinde transierunt juxta castrum et villam de Pount darch, loca forcia non expugnata » (G. Le Baker, p. 80). Cette ville fut défendue par Jean Du Bois vicomte de Pont de l'Arche (Delisle. *Actes normands de la Chambre des Comptes*, p. 347, n° 195). Le P. Denifle dans la *Désolation des églises de*

de France, sous l'inspiration des idées chevaleresques de
cette époque, lui offrit de se battre entre eux en combat
singulier. Il le pria même de fixer le jour qui lui convien-
drait le mieux. Le rusé monarque anglais espérant sans
doute éloigner son adversaire et pouvoir ainsi plus facilement arriver à ses fins, lui répondit qu'il acceptait son défi,
mais qu'il ne se battrait pas avant d'être devant Paris.

Après ses échecs à Elbeuf et à Pont-de-l'Arche, Edouard III
ne continua pas sa marche le long de la Seine. Voulant
probablement en éviter les méandres afin de devancer l'armée de Philippe VI, qui depuis Rouen le suivait sur la rive
droite [1], il remonte la vallée de l'Eure, passe dans la journée du 8 août à Léry [2], au Vaudreuil [3], met à feu et à sang
la ville de Louviers qui n'était pas fortifiée [4]. De Louviers,
il se dirige en hâte, dans la journée du 9, sur Vernon [5], afin

France (p. 38-39) dit, d'après une pièce du *Cartulaire de Bon-Port* (éd.
Andrieux, p. 400, n° CCCLXIX) que cette abbaye (commune de Pont de
l'Arche) fut ruinée par le passage d'Edouard III. On ne peut invoquer
cette pièce du 14 août 1387 à propos des événements de 1346. C'est une
lettre de Charles VI faisant don aux religieux de Bonport, de 500 francs
d'or afin de les aider à cause de ce qu'ils ont souffert « pour le faict de
nos guerres qui ont esté en nostre royaume, par lesquelles ils ont perdu
tous leurs biens meubles et les maisons d'icelle église et des manoirs et
granches à icelle appartenantes, lesquelles ont esté arses, destruictes et
gastées par nos ennemis qui par le païz sont passés et *demourez lonc-
temps* ». Cette pièce se rapporte donc aux guerres de Charles VI et non à
celles de Philippe de Valois.

1. « Adversarius autem suus in Rothomago magnum exercitum con-
gregavit, et licet esset in multitudine copiosa, pontem Cecanæ fregit, et
ex una parte Cecanæ ex adverso dominum nostrum regem diebus sin-
gulis sequebatur, pontes omnes diruens et muniens ne ad eum transi-
remus » (Murimuth, *Chroniques*, p. 215).

2. Léry, Eure, arr. de Louviers, cant. de Pont-de-l'Arche.

3. Le Vaudreuil est partagé aujourd'hui en deux communes : Notre-
Dame et Saint-Cyr-du-Vaudreuil, Eure, arr. de Louviers, cant. de
Pont-de-l'Arche. L'Itinéraire du *Kitchen Journal* dans G. Le Baker,
p. 252, donne « Pount Vadreel ».

4. *Chronique normande*, p. 78 et G. Le Baker, p. 80.

5. Vernon, Eure, arr. d'Evreux, ch.-l. de canton.

d'y tenter le passage de la Seine [1]. Entre ces deux villes se trouvait la forteresse de Gaillon [2] que les Anglais prirent.

1. Dans la *Chronique anonyme* du collège du *Corpus Christi* (éd. Moisant, p. 167) on fait allusion à cette tentative de traverser la Seine ; mais par suite d'une lacune, cette chronique est alors incompréhensible. L'auteur vient de parler de la députation de quinze bourgeois de Bayeux envoyés le 29 juillet à Edouard III, qui était encore à Caen, pour implorer sa miséricorde. Immédiatement après, sans avoir mis des points de suspension indiquant qu'il y a une interruption dans le récit, M. Moisant ajoute : « Eodem die Robertus de Ferrariis, assumpta secum gente sua, quam particulariter in una scapha aquam de Seyne transduxerat, castellum fortissimum de Rocheguyonn (Gaillon) insultat idem valide et obstant inimici » etc. Si l'éditeur de la chronique avait réfléchi, il se serait rendu compte que « eodem die » ne pouvait être le « die vicesimo nono » précédent, car le même jour, soit le 29 juillet, Edouard III, avec son armée, n'aurait pu être à Caen, sur les bords de la Seine et attaquer Gaillon. Il aurait pu remarquer aussi qu'à la page suivante (p. 168), à propos de la ville de Mantes, le chroniqueur dit : « die undecima mensis memorati ». Ce 11 ne peut s'appliquer qu'au mois d'août. Or depuis la mention du 29 juillet, on ne trouve aucune allusion à une date des deux derniers jours de juillet et des dix premiers jours d'août. On peut ainsi se rendre compte par ces remarques que, dans cette chronique, on a une lacune qui va du 29 juillet, non compris, au 10 du mois d'août.

2. La *Chronique anonyme* (Moisant, p. 167) qualifie Gaillon (Eure, arr. de Louviers, ch.-l. de cant.), qu'elle nomme « Rocheguyonn », « castellum fortissimum ». Les chroniques anglaises ont quelquefois confondu Gaillon et La Roche-Guyon. D'abord Gaillon n'est pas indiqué dans l'itinéraire d'Edouard III dressé d'après le *Kitchen journal* (G. Le Baker, éd. Thompson, p. 252), ce qui, rapproché du récit donné par la *Chronique anonyme*, serait la preuve que le roi d'Angleterre ne s'y arrêta pas. Il dut, en le laissant de côté, peut-être en côtoyant la Seine, car Gaillon s'en trouve à 2 kil. 500, gagner directement Vernon pour essayer de passer le fleuve. Ce ne serait donc qu'une division de l'armée anglaise qui l'aurait pris. Le chroniqueur qui semble le mieux indiquer la marche de cette armée dans cette région et avec le plus de précision est Geoffroy Le Baker. Après avoir parlé de l'attaque contre Pont-de-l'Arche qui ne fut pas pris « loca forcia non expugnata », de son passage à Léry et de l'incendie de Louviers, il ajoute (p. 80) : « Postea transierunt per castrum et villam de Gailon, capta et combusta, et ospitabantur apud Lungeville que est juxta bonam villam et castrum de Vernon, non capta nec tacta, et ibi intrarunt in Franciam. Et illa nocte combusserunt castrum de Rocheblanche, que stat ultra Seganam, et ospitabantur apud Frevile super Seganam. Postea transierunt per villam

Malgré la résistance des Français, Robert de Ferrières qui
dirigeait l'attaque, les força successivement dans leurs retran-
chements et les contraignit à se rendre. Après avoir renvoyé
les femmes indemnes et exigé des chevaliers et des écuyers
faits prisonniers [1] le serment au sujet de leur rançon,

de Maunte, de nocte ospitali apud Eporne. » Si nous rapprochons cet
itinéraire de celui du *Kitchen Journal*, nous voyons qu'ils concordent
dans l'ensemble. En effet, de Vaudreuil, où Edouard III était le 8 août,
on indique qu'il alla à Longueville où il fut le 9. N'ayant pu s'emparer
de Vernon, il se dirigea immédiatement sur Freneuse (appelé Freville
par G. Le Baker) où il était le 10, puis sur Epone, où il est le 11, en passant par Mantes.

L'itinéraire donné par le ms. Cotton Cleopatra D VII fol. 179 (cf.
G. Le Baker, p 253) est au contraire erroné et pour les dates et pour
les lieux en cette partie. Il dit : « Le lundy (7 aug.) ensuant le roi gist à
Alere seur Seyne (Léry) ; et mesme le jour fuirent pris le chastel de la
Roche et le chastel de Gyonne sour Seyne (Gaillon), les quex furent ars
et destrutz et tute la pays enviroun ». On se rendra compte en compa-
rant cette mention avec celles de G. Le Baker, de la *Chronique anonyme*
(Moisant, *op. cit.*, p. 167) de Guillaume de Nangis (t. II, p. 198) qu'il
doit y avoir une confusion entre deux châteaux. M. Thompson, dans
son édition de Geoffroy Le Baker (p. 256) voudrait identifier ce château
de la Roche, pris en même temps que le château de Gaillon avec le château de Rocheblanche de G. Le Baker, mais il ne fait pas connaître quel
est ce dernier château. On peut cependant arriver à le déterminer par ce
que nous en dit G. Le Baker. Ce château fut brûlé après que l'armée
anglaise eut échoué devant Vernon, soit dans la nuit du 10 au 11 août,
pendant que cette même armée prenait ses logements à Freneuse ;
par conséquent c'est non loin de cette petite localité qu'on doit chercher ce
château. G. Le Baker nous donne une indication précise de sa situation ; il
dit qu'il est situé au delà de la Seine, donc sur la rive droite, « que stat
ultra Seganam ». Or, à 5 ou 6 kilomètres de Freneuse se trouve le château de la Roche-Guyon qui répond à cette situation. De plus, le nom
même que lui donne le chroniqueur anglais « Rocheblanche » le désigne bien, puisqu'il s'élève au flanc d'une falaise crayeuse. Par conséquent, les Anglais qui depuis Rouen et Pont-de-l'Arche avaient essayé
en vain de franchir la Seine, tentèrent de nouveau cette opération à la
Roche-Guyon mais furent encore repoussés.

1. D'après la *Chronique anonyme* (Moisant, *op. cit.*, p. 168), du côté
français il y aurait eu plus de quarante hommes tués et faits prisonniers. « Et capti fuerant et trucidati ipso die plusquam XL Normanni »,
tandis que du côté anglais un seul chevalier aurait été tué, appelé par

Robert rejoignit l'armée anglaise qui devait être à Longueville [1], et fit connaître au roi son heureux coup de main.
Le 9, Edouard III arriva à Longueville qui est aux portes de
Vernon. Il avait sans doute espéré, après une marche
forcée, pouvoir s'emparer par surprise de cette dernière
ville qui lui livrerait le passage tant recherché depuis Rouen.
Mais là encore il ne put réussir ; la ville lui résista vigoureusement [2]. Sans s'attarder à un siège qui lui ferait perdre
un temps trop précieux, il brûla les faubourgs, et alla dès
le lendemain 10 à Freneuse [3], petite localité située sur les
bords de la Seine. Pendant qu'il y était, il dut encore tenter
de la franchir. Dans la nuit, il essaya de surprendre
la forteresse de la Roche-Guyon [4], assise sur la rive droite

cette chronique « Edwardus Attewode », nom anglais que l'*Eulogium
historiarum* (t. III. p. 208) traduisit par « Edwardus de Boys ». Suivant
cette dernière chronique il aurait été armé chevalier depuis peu et
aurait été tué par une pierre jetée du haut des murs du château.

1. Il semble qu'il y ait confusion entre Gaillon et Longueville dans
l'itinéraire donné par le Cotton ms. Cleopatra DVII fol. 179 (cf. G. Le
Baker, p. 254), lorsqu'il dit : « Et en le chastelle de Longevil estoient
toutz pleyn de gentz darmez, et defendirent bien le chastel ; mes au
fyn il fuyt gayniez par force et morrerent toutz les gentz darmes
dedeinz le chastelle trovez. Et quant les gentz darmes que furent deinz
la ville de Longevil vierentz [que] lez gens darmes estoient descounfitz
dedeinz le chastel, ils yssierunt et fuyrent par une altre porte. et morru-
rent grant fuissoun de eux et prestrerent et ardirent la ville et tute la
pays enviroun ». Cette mention ne peut s'appliquer à Vernon qui ne
fut pas pris ni à la Roche-Guyon qui ne semble pas avoir été pris non
plus. En outre il ne paraît pas qu'il y ait eu une forteresse à Longueville
qui était un grand territoire s'étendant aux portes de Vernon et dont
le nom est resté à un simple hameau de Saint-Pierre-d'Autils (Eure,
arr. d'Evreux, canton de Vernon). Cf. *Dictionnaire topographique de
l'Eure*. Voir aussi Edmond Meyer, *Histoire de Vernon*, t. I, p. 50 et t. II,
p. 138 ; il dit que « tout le territoire compris entre Le Goulet et Vernon,
portait jadis le nom de Longueville. »

2. *Grandes Chroniques*, éd. P. Paris, t. V, p. 454. G. Le Baker, p. 81 :
« castrum de Vernon non capta nec tacta ».

3. Freneuse, Seine-et-Oise, arr. de Mantes, cant. de Bonnières.

4. La Roche-Guyon, Seine-et-Oise, arr. de Mantes, cant. de Magny-
en-Vexin.

de ce fleuve. Cette tentative ne fut pas suivie de succès.
Les troupes qui l'attaquèrent y allumèrent un incendie ou
brûlèrent des maisons autour du château [1], mais durent se
retirer ensuite, soit que la situation de la Roche-Guyon ait
été trop forte, soit que l'armée de Philippe VI qui suivait la
rive droite, ait repoussé l'agression [2]. Pendant le court
séjour d'Edouard III à Freneuse, les cardinaux auraient
encore essayé de ramener la paix entre les deux souverains ;
mais cette nouvelle tentative n'aurait pas mieux réussi que
la première [3].

Irrité sans doute de ces échecs successifs qui rendaient
sa situation très périlleuse, le roi d'Angleterre brûle tout le
pays [4], et le 11 août, négligeant le château de Rolleboise [5],
se dirige sur Mantes. Une forte garnison occupait cette ville,
il ne s'y attarda donc pas, mais marchant sur Meulan, il
s'arrêta à Epône [6]. Tandis qu'il y était, une partie de son
armée, laissant de côté Aubergenville [7], alla sous les ordres
des comtes de Northampton et de Warwick attaquer Meulan.
Située sur la rive droite de la Seine, cette ville était protégée

1. « Et illa nocte combusserunt castrum de Rocheblanche que stat
ultra Segauam » (G. Le Baker, p. 81).

2. La mention suivante de l'*Eulogium historiarum* (t. III, p. 208) semble bien se rapporter à l'attaque de la Roche-Guyon, bien qu'elle soit
placée avant la prise de Gaillon. « Rege autem Angliæ, per unum
sinum Sequanæ fluminis transeunte cum toto cœtu suo, ubi prius nus-
quam hominibus iter visus est. Exercitus autem Angliæ fortem dederunt insultum ad unum castellum super aquam, et ibi fuerunt vulne-
rati domini Ricardus Talbote et Thomas de Holonde ».

3. « Redeunt Neapoli et Claromontensis supradicti cardinales supra
materia propinquiori pacis federibus retroactis cum Anglicis tractatur,
verumptamen quia quodammodo Anglicorum affectibus tractatus dis-
crepabat, levi obtento responso ab Anglorum adversario, hac nocte redierunt ». (*Chronique anonyme*, dans Moisant. *op. cit.*, p. 168.)

4. « Concremat undique patria » (Moisant, p. 168).

5. Rolleboise. Seine-et-Oise, arr. de Mantes, cant. de Bonnières. (Cf.
Froissart, éd. Luce, t. III, p. 382).

6. Epône, Seine-et-Oise, arr. et cant. de Mantes.

7. Aubergenville, Seine-et-Oise, arr. de Versailles, cant. de Meulan.

non seulement par le fleuve, mais encore par une forte muraille. Un pont construit sur le fleuve permettait d'y accéder. Les Anglais devaient donc d'abord s'en rendre maîtres. Or à l'entrée de ce pont s'élevait une tour [1] garnie de nombreux hommes d'armes et d'arbalétriers. L'ennemi s'approchant, ils commencèrent par le provoquer et l'invectiver. Piqués, les Anglais s'élancèrent à l'assaut de la tour et cherchèrent à s'en emparer ; mais la garnison les accueillit par une grêle de traits ; plusieurs, même des nobles, furent blessés. Aussi, lorsqu'ils se furent rendu compte de la difficulté qu'ils auraient à la prendre, et qu'en outre la partie du pont proche de la ville avait été rompue, ils se replièrent sur le gros de l'armée, non sans avoir éprouvé quelque dommage. Pendant ce temps, Philippe VI était resté sur l'autre rive avec ses troupes, prêt à tenir tête aux Anglais dans le cas où ils auraient assayé de traverser le fleuve [2]. Pour se venger de ce nouvel échec et des pertes qu'il avait éprouvées, l'ennemi détruisit complètement par le feu, le village des Mureaux [3] situé près de Meulan.

Le 12 août, dès le matin, Edouard III reprit sa marche en avant, continuant à tout incendier sur son passage. De la rive droite de la Seine, Philippe VI pouvait se rendre compte des ravages commis par son adversaire sur la rive opposée [4]. En quittant Epône, le roi d'Angleterre, au lieu de suivre le fleuve, prit la direction de Paris. Ici encore, comme au reste la suite le montrera, il dut, ainsi qu'il avait déjà tenté de le faire à Rouen, chercher à entraîner son adversaire loin du point où il essaierait de franchir la Seine. Il est certain que sa situation devenait critique. Son armée

---

1. « Nam pons in anteriori parte turri inexpugnabili fuerat predotatus » (Moisant, p. 168).

2. *Chronique anonyme*, dans Moisant, *op. cit.*, p. 168-169.

3. Les Mureaux. Seine-et-Oise, arr. de Versailles, canton de Meulan. Cf. *Grandes Chroniques*, éd. P. Paris, t. V, p. 454-455.

4. Moisant, p. 169,

:ommençait à manquer de vivres [1], et il allait se trouver
:xposé à l'offensive des nombreuses troupes que Philippe VI
:oncentrait à Paris [2]. Risquer une attaque contre cette ville,
)our chercher à l'emporter de vive force, était irréalisable ;
:lle était entourée de bonnes murailles ; en outre, à son
lépart pour Rouen, le roi avait enjoint de la mettre en état
le défense et d'abattre les maisons qui étaient hors de la
/ille et contre les murs. Il est vrai que les bourgeois, se
rouvant lésés dans leurs intérêts, accueillirent cet ordre,
ion seulement par des murmures, mais s'armèrent et furent
iur le point de se révolter. Cependant, grâce à la prudence
le Jean, roi de Bohême, et de son fils Charles, élu roi des
Romains, qui étaient venus à Paris avec 5oo chevaliers,
:ette sédition fut apaisée et la population préparée à repous-
ier une attaque, se tenait sur ses gardes [3].

Edouard III, très habile tacticien, devait certainement se
rendre compte que la partie décisive était sur le point d'être
jouée ; il ne pouvait reculer sans s'exposer à de graves
langers et il lui fallait à tout prix passer la Seine et chercher

1. Villani, *Istorie Fiorentine*, dans Muratori, *Rerum italicarum scriptores*, t. XIII, p. 946.

2. Jean le Bel, t. II, p. 71 dit qu'à « son mandement vinrent à Parys grand
foison de seigneurs » ; il cite parmi les seigneurs étrangers, le roi de
Bohême et Charles son fils, le duc de Lorraine, les comtes de Salm, de
Sarrebruck, de Flandre, de Namur, Jean, sire de Beaumont ; parmi les
seigneurs français, les comtes d'Alençon, de Blois, d'Auxerre, d'Harcourt, de Sancerre, de Roucy, de Saint-Pol, de Porcien, et il ajoute « et
tant de gens qu'ilz furent bien XXᵐ armeures de fer et bien LXᵐ hommes combatans à pié, que Jennevois que aultres». Villani (*op. cit.*, p. 946)
nous apprend en effet, qu'étant à Paris, Philippe VI ordonna à
Charles Grimaldi et à Antonio Doria de Gênes, de désarmer les vaisseaux qu'ils avaient en Normandie et de venir à Paris avec leurs équipages et leurs arbalétriers. Il estime qu'il y réunit plus de 8.000 hommes à cheval, 60.000 sergents de pied, et plus de 6.000 arbalétriers
gênois tirés des vaisseaux ou venus de Gênes par terre, à sa solde.

3. Villani, *op. cit.*, dans Muratori, *Rerum italicarum scriptores*, t. XIII,
p. 945. Froissart, éd. Kervyn de Lettenhove, t. IV, p. 492. Moisant,
p. 169. L. Léger. *Un poème tchèque sur la bataille de Crécy*, dans *Journal
des savants*, 1902, p. 325.

à donner la main aux Flamands avant d'être attaqué. On comprend très bien que dans ces conditions, il ne devait pas s'aventurer, mais n'avancer que prudemment. Aussi, dans cette journée du 12 août, il n'alla avec son fils, le prince de Galles, que d'Epône à Ecquevilly [1] et à Bures [2]. A l'approche de l'ennemi, Philippe de Valois prévoyant une attaque sur Poissy et sachant que cette ville ne serait pas en état de résister [3], enjoignit aux religieuses dominicaines, parmi lesquelles était sa sœur Isabelle [4], et aux autres habitants de se réfugier à Paris après avoir coupé le pont. Ses ordres furent exécutés et tous gagnèrent la capitale en même temps que l'armée.

Le dimanche 13 août, pendant que Philippe VI était à Paris [5], Edouard III quittait Ecquevilly et s'installait à Poissy [6]. Trouvant le pont rompu, il ordonna aux charpentiers de se mettre à l'œuvre sans retard pour le réparer. C'est alors que le roi d'Angleterre déploya toute son ingéniosité et son astuce afin d'arriver à donner le change à son adversaire sur le but qu'il se proposait d'atteindre. Le roi de France, qui à Pont-de-l'Arche, avait reçu de son ennemi la promesse qu'ils pourraient se battre en combat singulier devant Paris, voulut lui rappeler cette promesse, et le 14 août, lui adressa de Saint-Denis de nouvelles lettres, par l'entremise de l'ar-

---

1. Ecquevilly, Seine-et-Oise, arr. de Versailles, cant. de Meulan. Dans les chroniques anglaises, cette localité est désignée sous le nom de Fresnes ; elle portait en effet ce nom anciennement. Dans la carte de Cassini elle est encore appelée : Fresnes ou Ecquevilly, et dans le *Dictionnaire des postes* de 1845 Ecquevilly ou Frêne.

2. Bures, Seine-et-Oise, arr. de Versailles, cant. de Poissy, comm. de Morainvilliers. D'après la *Chronique anonyme* (Moisant, *op. cit.*, p. 169) ce serait le prince de Galles qui aurait logé à Bures.

3. « Et pontem de Poissy contra predictos Anglicos sciebat verisimiliter non posse premuniri, eo quod muro, licet alias satis fortis fuerat, non extitit roborata » (Moisant, p. 169).

4. Cf. Joseph Petit. *Charles de Valois*, p. 245.

5. *Grandes Chroniques*, t. V, p. 456.

6. Moisant, p. 169. Cf. G. Le Baker, p. 252 et 256.

chevêque de Besançon [1]. Dans ces lettres, Philippe de Valois rappelant à son ennemi les dévastations, les incendies et toutes les atrocités commises par son armée depuis son débarquement, lui proposait, pour terminer cette guerre, d'en venir aux mains hors Paris soit entre Saint-Germain-des-Près et Vaugirard, soit entre Franconville [2] et Pontoise, le jeudi, le samedi, le dimanche ou le samedi suivant, ou tout autre jour qu'il voudra fixer. Il lui demandait en même temps de lui donner réponse aussi promptement que possible et de s'abstenir dans l'intervalle de déprédations et d'incendies. A cette lettre, Edouard III, pour donner le change à son adversaire, répondit de vive voix que son intention était de se diriger sur Montfort [3]. En même temps, afin de le mieux tromper et de le retenir autour de Paris, loin de Poissy, il fit incendier Saint-Germain-en-Laye avec la maison royale qui y était établie, Nanterre [4], un hameau de Bougival [5], Rueil [6], Neuilly [7], la tour de Montjoie [8] que

1. *Grandes Chroniques*. t. V, p. 456. Cf. Richard Lescot, p. 73, Moisant, p. 171, *Chronique normande*, p. 78. Ces lettres sont publiées par Kervyn de Lettenhove (Froissart, t. IV, p. 496 et 497). Par erreur, les *Istore et croniques de Flandre* (t. II, p. 23) disent que ces lettres furent apportées par l'évêque de Meaux et la *Chonographia regum Francorum*, t. II, p. 227, par l'évêque de Metz.

2. Franconville, Seine-et-Oise, arr. de Pontoise, cant. de Montmorency.

3. Montfort-l'Amaury, Seine-et-Oise, arr. de Rambouillet, ch.-l. de cant. Cf. *Grandes Chroniques*, t. V, p. 457. La *Chronographia regum Francorum*, t. II, p. 227 dit au contraire : « Et rex Anglie concessit ei bellum fieri die jovis sequenti inter Parisius et Vallem Gerardi. » La *Chronique normande*, p. 78, fixe le même lieu. Cf. *Istore et croniques de Flandres*, t. II, p. 23.

4. Nanterre, Seine-et-Oise, arr. de Saint-Denis, cant. de Courbevoie.

5. Guillaume de Nangis, t. II, p. 198, le nomme « Caroli Venna », Richard Lescot, p. 73 « Karolinarium ». C'est aujourd'hui La Chaussée, hameau de Bougival, Seine-et-Oise, arr. de Versailles, cant. de Marly-le-Roi. (Longnon. *Les noms de lieu de la France*, p. 359).

6. Rueil, Seine-et-Oise, arr. de Versailles, cant. de Marly-le-Roi.

7. Neuilly-sur-Seine, Seine, arr. de Saint-Denis, ch.-l. de cant.

8. Cette tour était située près de Saint-Germain-en-Laye, Seine-et-

Philippe VI avait fait reconstruire depuis peu, Saint-Cloud [1].
Pendant les journées que le roi d'Angleterre fut à Poissy et
son fils à Saint-Germain-en-laye [2], l'armée anglaise qui
commençait déjà à manquer de vivres [3], ne cessa de piller et
d'incendier toutes les bourgades situées à l'ouest de la capitale. Du haut des tours de la ville, les Parisiens voyaient
s'élever les tourbillons de fumée et assistaient impuissants
à ces destructions [4].

Au milieu de ces événements, le roi de France ne fut
cependant pas imprévoyant en face des efforts faits par son
adversaire pour chercher à réparer le pont de Poissy. Si l'on

Oise, arr. de Versailles, ch.-l. de cant. M. Moisant, dans *Le Prince
noir en Aquitaine*, p. 171, identifie à tort « castellum de Mountivie »
avec Montigny-le-Bretonneux (Seine-et-Oise, arr. et cant. de Versailles);
c'est le château de Montjoie qui est ainsi désigné.

1. Saint-Cloud, Seine-et-Oise, arr. de Versailles, cant. de Sèvres.
D'après la *Chronique anonyme* (Moisant, *op. cit.*, p. 170-171), ce serait
le 14 août qu'Edouard III aurait fait incendier Saint-Germain-en-Laye,
Montjoie et tout le pays jusqu'à deux milles autour de la ville de Paris,
et le 15, il aurait défendu de piller ou incendier aucune localité en ce
jour, à cause de la fête de l'Assomption. Gilles le Muisit (éd. Lemaitre,
p. 157) est cependant très affirmatif et très précis en ce qui concerne
l'incendie de Saint-Cloud qu'il place au 15 août. Aux localités que nous
avons énumérées, Froissart, dans sa première rédaction (éd. Luce, t. III,
p. 149) ajoute Boulogne et Bourg-la-Reine. Boulogne, près de Saint-
Cloud quoique séparé par la Seine, put être ravagé par quelques coureurs anglais, mais il semble que Froissart se trompe en joignant Bourg-
la-Reine aux villes précédentes. D'abord Gilles le Muisit (p. 157) dit
nettement que le 15 août les Anglais vinrent brûler Saint-Cloud et qu'ils
retournèrent ensuite à Poissy ; selon lui, ils n'auraient pas été plus loin,
ce qui est très probable, car Philippe VI qui était resté le 14 août et une
partie du 15 à Saint-Denis, traversa Paris (Gilles le Muisit, *ibid.*,) peut-
être dans l'après-midi du 15 et vint loger à Antony, près de Bourg-la-
Reine, ce qui put arrêter les Anglais dans leurs incursions. Au reste,
Froissart lui-même dut se rendre compte ensuite qu'il ne pouvait
maintenir Bourg-la-Reine parmi les localités brûlées par les Anglais
autour de Paris car on ne le voit plus figurer dans les mss. d'Amiens et,
de Rome (éd. Luce, t. III, p. 379 et 383).

2. *Grandes Chroniques*, t. V, p. 455.

3. Villani, dans Muratori, *Rerum italicarum scriptores*, t. XIII, p. 946.

4. Guillaume de Nangis, t. II, p. 198-199.

s'en rapportait à Jean le Bel [1], il n'aurait rien fait pour chercher à empêcher les Anglais de passer. Heureusement,
d'autres témoignages prouvent que Philippe VI envoya des
troupes afin de les arrêter. A peine, en effet, dans l'après-
midi du 13 août [2], les charpentiers avaient-ils entrepris la
réfection du pont, qu'ils virent une armée venir en hâte
dans leur direction [3]. Il n'y avait encore qu'une poutre longue
de soixante pieds et large d'un pied jetée sur le pont pour
permettre d'atteindre la rive. Les Anglais se hâtèrent de
courir aux armes et de se grouper pour repousser l'ennemi.
Environ 500 sergents à pied et 50 hommes d'armes à cheval
de la commune d'Amiens [4], divisés en trois groupes et
accompagnés d'un bon nombre de charrettes et de voitures
chargées de carreaux, d'armures et de vivres, venaient par
la rive droite de la Seine pour s'opposer au passage des
Anglais. Mais attaqués par le comte de Northampton et criblés
de flèches par les archers [5], ils ne purent résister et lâchèrent
bientôt pied. Quelques-uns même, afin de s'échapper plus
rapidement, dételèrent les chevaux des voitures et montant
deux ou même trois sur le même cheval, s'enfuirent, abandonnant le chargement. Les Anglais brûlèrent ainsi une
trentaine de chars [6] et tuèrent un grand nombre de leurs
adversaires [7].

---

1. Ed. Viard et Déprez, t. II, p. 86.

2. C'est la date donnée par Gilles le Muisit, p. 156, Geoffroi Le
Baker, p. 81 et la *Chronique anonyme* dans Moisant, *op. cit.*, p. 169-
170.

3. Moisant, p. 170.

4. *Grandes Chroniques*, t. V, p. 457, Gilles le Muisit, p. 156, Geoffroi
Le Baker, p. 81.

5. Michel de Northburg, dans Robert d'Avesbury, p. 367. Gilles le
Muisit, p. 157. *Grandes Chroniques*, t. V, p. 457.

6. La *Chronique anonyme* (Moisant, p. 170), donne le chiffre de 21 ;
G. Le Baker, p. 81, celui de 32 ; l'*Eulogium historiarum*, t. III, p. 209,
celui de 30.

7. Les *Grandes Chroniques* (t. V, p. 457) disent que « la commune
d'Amiens... fu toute mise à mort. » Gilles le Muisit (p. 157) dit :

Après cette attaque, Edouard III profita de la tranquillité que lui laissèrent les Français pour achever la réparation du pont. Philippe VI, trompé par la promesse que lui avait faite le roi d'Angleterre à Pont-de-l'Arche et par ses incursions, était dans la plus grande indécision, malgré les avertissements qu'il recevait [1].

Le dimanche 13 août, c'est-à-dire le jour où le roi d'Angleterre prenait possession de Poissy, il concentrait son armée à Saint-Germain-des-Prés [2]. Le lendemain 14, il quitta cette abbaye et traversa Paris pour venir avec toutes ses troupes à Saint Denis [3].

Il y célébra le 15 la fête de l'Assomption, mais ce même jour [4], sans doute après avoir reçu la réponse donnée par Edouard III à l'archevêque de Besançon, traversant de nouveau Paris dans l'autre sens, « dolent et angoisseux » [5], il alla le mercredi 16 prendre position à Antony [6], au-delà de Bourg-la-Reine [7]. Tandis qu'il y attendait l'armée anglaise, qui, disait-on, devait passer au sud de Paris pour se diriger

---

« Et Ambianenses omnes aut cesi aut capti fuerunt. » La *Chronique anonyme* (Moisant, p. 170) et Michel de Northburg, dans Robert d'Avesbury (p. 367), disent que les corps de plus de 500 Français jonchaient le sol. G. Le Baker, p. 81 et l'*Eulogium historiarum* (t. III, p. 209) donnent seulement le chiffre de 300. Jean le Bel (t. II, p. 88 et 89) et Froissart (éd. Luce, t. III, p. 150-151 et p. 384) rapportent aussi cette attaque des Anglais par les gens de la commune d'Amiens mais la placent par erreur après le départ de Poissy, dans les environs de Beauvais, et Guillaume de Nangis (t. II, p. 199) au moment où le pont fut terminé.

1. *Grandes Chroniques*, t. V, p. 457.

2. Villani, dans Muratori, t. XIII, p. 946.

3. Le rédacteur des *Grandes Chroniques* (t. V, p. 456) témoigne sa surprise de voir ainsi le roi venir à Saint-Denis avec son armée « Et n'estoit memoire d'homme qui vit, que depuis le temps Charles le-Chauve qui fu roy et empereur, le roy de France venist à Saint-Denis en France, en armes et tant prest pour batailler ».

4. Gilles le Muisit, p. 157.

5. *Grandes chroniques*, t. V, p. 457.

6. Antony, Seine, arr. et cant. de Sceaux.

7. Bourg-la-Reine, Seine, arr. et canton de Sceaux.

vers la Gascogne [1], Edouard III qui s'était hâté de rétablir le
pont de Poissy, franchit la Seine le 16, après être resté deux
jours dans cette ville et se dirigea vers la Picardie [2]. Avant
de quitter Poissy, il brûla le palais du roi et la ville, mais
respecta le monastère des Dominicaines qui avait été fondé
par Philippe le Bel, son grand-père maternel [3].

Pendant que le roi d'Angleterre s'éloignait de Paris afin
d'opérer le plus rapidement possible sa jonction avec les
Flamands, Philippe VI restait à Antony. Probablement, le
17 [4], alors que son adversaire était déjà près de Beauvais,
« touchié de grant doleur, jusques dedens le cœur et moult
irié » [5], il quitta cette localité et s'en retourna à Paris. Ce
retour ne fut pas sans impressionner le peuple qui « disoit
que ceste maniere d'aler et de retourner n'estoit mie sans
trayson, pourquoy pluseurs plouroient et non mie sans
cause ». Le roi lui-même « n'avoit pas honte de dire à tous

1. D'après Gilles le Muisit, p. 158, on pensait que le roi d'Angleterre
allait se diriger vers la Gascogne en passant par Chartres. Guillaume de
Nangis (t. II, p. 199) dit au contraire qu'il devait se diriger vers
Tournai.

2. Les *Grandes Chroniques* (t. V, p. 458) commettent une erreur en
disant qu'Edouard III quitta Poissy « le vendredi après l'Assomption
Nostre-Dame, environ tierce », soit le 18 août. Le *Kitchen Journal* et les
itinéraires publiés à la suite de l'édition de Geoffroi Le Baker (p. 252,
254, 256), la chronique de Geoffroi Le Baker, p. 81, Gilles le Muisit,
p. 158, la *Chronique anonyme* publiée par Moisant. (*Le Prince noir en
Aquitaine*, p. 171), donnent tous la même date du 16.

3. *Grandes Chroniques*, t. V, p. 458. Moisant, p. 171.

4. Les *Grandes Chroniques*, t. V, p. 458, qui font erreur en fixant au
vendredi après l'Assomption, soit au 18 août, le départ d'Edouard III
de Poissy, commettent par conséquent la même erreur de date en
disant que Philippe VI quitta Antony après avoir appris que le roi
d'Angleterre avait passé la Seine. Or l'itinéraire d'Edouard III et les
chroniques anglaises sont d'accord pour fixer son départ au 16 août.
Son adversaire qui ne tarda pas à apprendre cet événement, dut donc
quitter Antony sans retard pour se lancer à sa poursuite. On comprend
ainsi que, comme l'indique Gilles le Muisit (p. 158 et 159) il put atteindre Clermont (Oise) le 18 août et Amiens le 20, en parcourant dix lieues
dans une journée.

5. *Grandes Chroniques*, t. V, p. 458.

ceux qui le vouloient oïr, qu'il estoit traï ». Philippe de Valois ne fit que traverser Paris et rallia rapidement son armée à Saint-Denis afin de se lancer à la poursuite d'Edouard III [1].

Ce dernier, après avoir franchi la Seine, brûlant et dévastant tout le pays [2], alla dans la journée du 16 jusqu'à Grisy-les-Plâtres [3] où il coucha. Le lendemain 17, parcourant une distance aussi grande que la veille, il alla coucher à Auteuil [4] et le prince de Galles à Vessancourt [5], localité voisine. C'est d'Auteuil que ce même jour [6] il adressa des lettres à Philippe de Valois, en réponse à celles qu'il avait reçues par l'entremise de l'archevêque de Besançon. Dans ces lettres plutôt ironiques, il lui dit qu'il l'a attendu vainement pendant trois jours à Poissy et qu'il est toujours prêt à se mesurer avec lui ; mais, ajoute-t-il, « nous ne sumes mie avisez d'estre tailliez par vous, ne de prendre de vous lu et jour de bataille, nommement sur les condicions suzescritz ».

Le 18, Edouard III, se hâtant de gagner la Picardie et les

---

1. *Grandes Chroniques*, t. V, p. 459, Froissart, éd. Luce, t. III, p. 154.

2. Moisant, p. 171.

3. Grisy-les-Plâtres, Seine-et-Oise, arr. de Pontoise, cant. de Marines, à environ 25 kilomètres de Poissy. Cf. Moisant, p. 171 et itinéraires d'Edouard III dans G. Le Baker, p. 252 et 254. Villani (Muratori. *Rerum italicarum scriptores*, t. XIII, p. 946), dit qu'en quittant Poissy, Edouard III attaqua Pontoise qu'il prit au bout de deux jours. Il dut confondre avec Poix, qui effectivement fut pris par l'armée anglaise, car on ne trouve nulle part ailleurs aucune allusion à cette attaque de Pontoise qui ne pourrait s'accorder avec la rapidité de la marche du roi d'Angleterre.

4 Auteuil. Oise, arr. de Beauvais, cant. d'Auneuil.

5. Vessancourt, commune d'Auteuil. Gilles le Muisit (p. 158) commet une erreur en faisant passer l'armée anglaise, le 17 août, par Beaumont-sur-Oise et Chambly qui sont très éloignés d'Auteuil.

6. *Chronique anonyme*, dans Moisant, *op. cit.*, p. 171 et 172, Ces mêmes lettres publiées dans Jean le Bel (éd. Viard et Déprez, t. II, p. 87-88) ont été mal datées du 15 août. Cf. Kervyn de Lettenhove, Froissart, t. IV, p. 497-498, où elles sont bien datées du jour, le jeudi 17 août, mais mal du lieu, soit de Grandvilliers où il ne fut que le 19.

Flandres, alla coucher à Troissereux [1]. En passant près de Beauvais, il ne chercha sans doute pas à attaquer cette ville, car elle était bien close et la garnison prête à se défendre vigoureusement ; mais il incendia et ravagea les faubourgs et l'abbaye Saint-Lucien [2]. Le 19 au matin, traversant Milly [3], puis Oudeuil [4], Marseille-le Petit [5] qui furent incendiés et ravagés comme tous les environs, il alla dans la même journée jusqu'à Sommereux [6] où il logea, ainsi que dans les localités voisines tel que Grandvilliers [7].

Si nous voyons le roi d'Angleterre se diriger à marches forcées vers la Flandre, c'est qu'il sentait bien que sa situation devenait très critique. Déjà autour de Paris, la disette de vivres avait commencé à se faire sentir ; mais cette disette ne fit que s'aggraver en arrivant dans des pays moins fertiles et moins riches que la Normandie. Ainsi le 18 août le pain fit presque défaut et l'armée fut obligée de ne se nourrir que de viande [8]. Au reste Philippe VI qui espérait bien acculer son ennemi soit à la mer, soit à la Somme,

1. Troissereux, Oise, arr. de Beauvais, cant. de Nivillers. Il ne coucha pas dans l'abbaye de Saint-Lucien près de Beauvais, comme le dit par erreur Jean le Bel (t. II, p. 89) et après lui Froissart (éd. Luce, t. III, p. 151).

2. *Grandes Chroniques*, t. V, p. 459, Guillaume de Nangis, t. II, p. 199, *Chronographia regum francorum*, t. II, p. 228. D'après Froissart (t. III, p. 152), les Anglais auraient tenté de donner un assaut à la ville qui aurait été défendue par son évêque. Cf. Jean le Bel, t. II, p. 90. Suivant la *Chronique anonyme* publiée dans Moisant (*op. cit.*, p. 173), le prince de Galles aurait stationné devant Beauvais, avec le désir de donner l'assaut, mais son père qui s'attendait à une attaque prochaine de Philippe VI ne voulut pas affaiblir ses forces dans une action de ce genre.

3. Milly, Oise, arr. de Beauvais, cant. de Marseille-le-Petit.

4. Oudeuil, Oise, arr. de Beauvais, cant. de Marseille-le-Petit. Ce doit être cette ville que la *Chronique anonyme* publiée par Moisant, p. 173, appelle Oudoir.

5. Cf. Kervyn de Lettenhove, Froissart, t. IV, p. 499.

6. Sommereux, Oise, arr. de Beauvais, cant. de Grandvilliers.

7. Jean le Bel, t. II, p. 90, Froissart, t. III, p. 152.

8. En effet le pain qui d'habitude était vendu un denier, se payait cinq sous, soit soixante fois plus (Gilles le Muisit, p. 158-159).

avait donné ordre aux habitants de la Picardie de garder les passages et de détruire les ponts sur les rivières ainsi que les victuailles [1].

Edouard III ne devait pas ignorer non plus que son adversaire le poursuivait rapidement à la tête d'une forte armée. De Saint-Denis le roi de France gagna sans retard Amiens. C'était dans cette ville qu'il avait donné rendez-vous pour le début du mois d'août à un grand nombre d'hommes d'armes [2]. Selon Gilles le Muisit [3], dès le 18 août, il aurait été à Clermont et le 20 à Amiens, ou non loin de cette ville, comme à Nampty-Coppegueule [4], localité où, d'après Jean le Bel [5] et Froissart [6], il logea pour attendre les troupes qui devaient venir le rejoindre [7]. Les armées ennemies n'étaient séparées que par une petite distance. En effet, après avoir passé la nuit du 19 au 20 à Sommereux, Edouard III se dirigea vers la Somme en passant par Poix [8]. Cette ville était entourée de murailles et défendue par un château très bien fortifié. Dès qu'elle y arriva, l'avant-garde [9] se pré-

1. Villani, dans Muratori. t. XIII, p. 947.

2. Voir : J. Viard. *Journaux du trésor de Philippe VI de Valois*, nos 806, 936, 1398, 2276, 3206, 3340, 3370, 4433, 4527. 4540 ; paiements d'hommes d'armes qui se rendirent à Amiens les 4, 10, 12, 14, 15 et même 28 août.

3. P. 158-159.

4. Nampty-Coppegueule, Somme, arr. d'Amiens, cant. de Conty, se trouve à environ 15 kilomètres au sud d'Amiens.

5. T. II, p. 92.

6. T. III, p. XLII, 155, 388.

7. Le même jour, soit le 20, l'armée anglaise était à Camps en Amiénois (Somme, arr. d'Amiens, cant. de Molliens-Vidame) et à Molliens-Vidame. Cela justifie Jean le Bel disant (p. 92) que quand Philippe VI fut à Nampty-Coppegueule, il n'était qu'à cinq lieues de son adversaire. En effet de Nampty-Coppegueule, à Molliens-Vidame situé à l'ouest, on peut compter environ 25 kilomètres.

8. Poix, Somme, arr. d'Amiens, ch.-l. de cant.

9. Moisant, p. 173, « anterior acies ». Michel de Northburg dans la lettre qu'il écrivit le 4 septembre devant Calais (dans Robert d'Avesbury, p. 368) dit que ce fut l'arrière-garde qui prit et incendia la ville de Poix « Et quant l'avant garde et la secunde garde furent passez la

para à donner l'assaut. Le roi qui sentait le danger auquel il
s'exposait en retardant sa marche, envoya des sergents
d'armes pour lui défendre d'attaquer la ville ; elle se retira
donc, mais après le départ des sergents assaillit violemment
la place. Edouard III lui fit renouveler sa défense en ajoutant
des menaces. Les Anglais se retirèrent encore, mais à peine
les envoyés du roi se furent-ils éloignés qu'ils reprirent
l'assaut. Par les flèches et les projectiles ils écartèrent les
défenseurs des murailles, brûlèrent ensuite les portes,
gagnèrent le sommet des remparts à l'aide d'échelles et
massacrèrent tout ce qu'ils trouvaient sous la main [1].
Après avoir pris également le château, ils pillèrent la ville
et les pays environnants, emportant les vivres et les objets
précieux, et emmenant les chevaux qui tombaient sous
leurs mains.

Sans s'arrêter à Poix que ses troupes avaient pris en passant, le roi d'Angleterre alla dans la journée du 20 jusqu'à
Camps-en-Amiénois. Harcelé par les Français, il eut certainement à livrer quelques combats plus ou moins heureux
pour y parvenir. En effet, Michel de Northburgh [2] dit
qu'après la prise de Poix, l'armée anglaise fut attaquée par
les gens des communes du pays et que le comte de Suffolk

ville, la rergarde fist assaut à la ville et la prist. » Ce serait Oulphart
de Ghistelles, chevalier flamand au service d'Edouard III, qui aurait
commandé les Anglais qui s'emparèrent du château de Poix (Froissart,
éd. Luce, t. III, p. xlii, note 5 et éd. Kervyn de Lettenhove, t. IV,
p. 499).

1. Selon Michel de Northburgh (dans R. d'Avesbury, p. 368) il y
aurait eu plus de 300 hommes tués. Cf. J.-J. Champollion-Figeac.
*Lettres de rois, reines et autres personnages des cours de France et d'An-
gleterre*, t. II, p. 77-81.

2. Voir Robert d'Avesbury, p. 368. Michel de Northburg dit même
que ce fut le lendemain : « Et l'autre jour ensuaunt ». Mais la suite
prouve qu'il y a quelque confusion dans sa pensée. Il ajoute en effet
qu'après Poix l'armée anglaise « se treia vers Grauntvillers ». Or Grandvilliers se trouvant à 15 ou 20 kilomètres au sud de Poix, ce mouvement
impliquerait un recul, au lieu d'une marche en avant.

et Hugues Despenser les repoussèrent en leur tuant plus
de 200 hommes et en faisant plus de 60 prisonniers. Après
ce combat, l'avant-garde fut encore attaquée par les gens
du roi de Bohême. Surprise sans doute, elle commençait à
fléchir [1] ; le comte de Northampton venant à son aide réta-
blit l'ordre et poursuivit les ennemis jusqu'à deux lieues
d'Amiens. Suivant le chroniqueur anglais, il aurait pris
huit hommes d'armes, en aurait tué douze, et le reste alla se
réfugier à Amiens, tandis que de son côté, il n'aurait perdu
que Thomas Talbot [2].

Malgré ces succès, Edouard III comprenait qu'il ne devait
pas moins à tout prix chercher à passer la Somme. Aussi, pour
se rapprocher de ce fleuve, quittant Camps-en-Amiénois, il
alla le 21 à Airaines [3]. Il resta pendant deux jours dans cette
ville, les lundi et mardi 21 et 22 août [4], « car il vouloit là
aviser et prendre conseil par où il passeroit la riviere de
Somme plus à son aise » [5]. Sans retard [6], le comte de
Warwick, maréchal de l'armée anglaise et Godefroi de
Harcourt se dirigèrent à la tête d'une forte troupe vers Pont-
Remy [7], en passant par Longpré-les-Corps-saints [8]. Ils
espéraient sans doute pouvoir franchir le fleuve en cet
endroit ; mais suivant les ordres donnés par Philippe de
Valois, ils « trouverrent là grand nombre de chevaliers et
de gens du pays assemblez, qui avoient grand foison d'arba-

---

1. « Et fussent noz gentz abatus à terre ». Suivant Michel de Northburg, cette attaque se serait produite pendant une halte que l'avant-
garde faisait à Grandvilliers. Comme nous l'avons montré il dut probablement confondre deux localités.

2. On ne compte pas les gens de pied, mais seulement les chevaliers.

3. Airaines, Somme, arr. d'Amiens, cant. de Molliens-Vidame.

4. Geoffroi Le Baker, p. 81, 254 et 257.

5. Jean le Bel, t. II, p. 92.

6. « Si se leverent au matin » (Jean le Bel, t. II, p. 93).

7. Pont-Remy, Somme, arr. d'Abbeville, cant. d'Ailly-le-Haut-Clo-
cher.

8. Longpré-les-Corps-Saints, arr. d'Abbeville, cant. d'Hallencourt.

lestriers et de gens pour le pont garder [1] ». Aussi, malgré une
attaque menée vigoureusement[2], ils durent se retirer. Repoussés de Pont-Remy, ils se replièrent sur Fontaine-sur-Somme [3],
ravageant tout le pays et tentèrent une nouvelle attaque
contre le pont de Long-en-Ponthieu [4] ; ils échouèrent également-
ment [5].

A la suite de ces échecs, la situation d'Edouard III devenait
très critique. Son armée manquant de chaussures et de
vivres n'avait que peu de pain, pas de vin, était obligée de
se nourrir de fruits et de la chair des animaux qu'elle avait
pris [6]. De plus, il ne pouvait plus compter sur les Flamands,
soit pour lui porter secours, soit pour opérer sa jonction
avec eux. Le 22 août, jour où son armée fut repoussée de
Pont-Remy, Godefroi d'Anekins, capitaine de Béthune,
brûla dans une sortie une partie de leurs tentes, et deux
jours après, le 24, les Flamands détruisirent tous leurs engins,
levèrent le siège de cette ville [7] et se replièrent sur Merville[8].
Il savait aussi que Philippe de Valois était peu éloigné et que
d'un moment à l'autre il l'attaquerait.

1. Jean le Bel, t. II, p. 93. Gilles le Muisit, éd. Lemaître, p. 159, dit
que l'attaque de Pont-Remi par les Anglais eut lieu le 22 août et qu'ils
furent repoussés par les gens du roi de Bohême et de son fils, et par
Jean de Beaumont.

2. « Et y eut très grant assaut et très fort et qui dura dou matin jusques à prime » (Froissart, t. III, p. 155 et 389).

3. Fontaine-sur-Somme, Somme, arr. d'Abbeville, cant. d'Hallencourt.

4. Long en-Ponthieu, Somme, arr. d'Abbeville, cant. d'Ailly-le-
Haut-Clocher.

5. Froissart (t. III, p. 156 et 389) qui dans cette partie reproduit
Jean le Bel, ajoute qu'ils allèrent jusqu'à Picquigny, mais qu'ils trouvèrent « le ville, le pont et le chastiel bien garni », Ils auraient également tenté le passage de la rivière à Hangest-sur-Somme (Somme, arr.
d'Amiens, cant. de Picquigny). Cf. Froissart, éd. Luce, p. xliii, note 2 et
Chronique normande, p. 79.

6. Villani, dans Muratori, *Rerum italicarum scriptores*, t, XIII, p. 947.

7. Gilles le Muisit, p. 159.

8. Merville, Nord, arr. d'Hazebrouck, ch.-l. de cant.

Le roi de France pouvait certainement, en une journée, franchir sans difficulté la distance qui séparait Amiens d'Airaines ; c'est ce qui arriva. Prévenu sans doute par ses éclaireurs [1] de la détresse de l'armée anglaise et de l'inutilité de ses efforts pour passer la Somme, Philippe VI prit ses dispositions pour chercher à acculer son ennemi entre la mer et ce fleuve. Il ordonna à Godemar du Fay [2] d'aller avec un bon nombre d'hommes [3] garder les passages de la Somme au delà d'Abbeville. Pendant que ce chevalier barrerait ainsi à Edouard III le chemin des Flandres, le 23 août, Philippe VI se dirigea sur Airaines [4], espérant y surprendre l'armée anglaise. Il faillit réussir ; il arriva dans cette ville peu après son départ. Edouard III, en effet, dès le matin [5], quitta précipitamment « le disner qui appareillé

1. « Adonc estoit li rois de France à Amiens, clavoit ses espies et ses coureurs qui couroient sus le pays et li raportoient le couvenant des Englès » (Froissart, éd. Luce, t. III, p. 157).

2. Godemar du Fay n'était pas, comme le dit Froissart, « un grant baron de Normendie » mais bien un chevalier bourguignon, comme le qualifie Guillaume de Nangis (t. II, p. 200). Il était seigneur de Bouthéon (Loire, arr. de Montbrison, cant. de Saint-Galmier). Cf. J. Viard. *Lettres d'état enregistrées au Parlement sous le règne de Philippe VI de Valois*, p. 67, n° 247, note 1.

3. Froissart (t. III, p. 158) dit que Godemar du Fay avait 1.000 hommes d'armes et 5.000 de pied, y compris les Gênois, tandis que la *Chronique normande*, p. 79, ne donne que le chiffre de 1.200 combattants et Michel de Northburg (dans Robert d'Avesbury, p. 368) dit qu'au gué de la Blanchetaque défendu par Godemar du Fay, l'armée anglaise trouva 500 hommes d'armes et 3.000 hommes des communes pour garder ce passage.

4. Gilles le Muisit (p. 159) dit que Philippe VI fit dix lieues dans cette journée et le fait partir par erreur, le 24 août d'Abbeville. Il dut plus certainement partir d'Amiens où selon Froissart (t. III, p. 156) il serait venu coucher la veille, ou encore, comme le dit Jean le Bel (t. II, p. 94), partir de Nampty-Coppegueule. La distance entre l'une ou l'autre de ces villes et Airaines est à peu près la même. (Voir pour le jour où Edouard III quitta Airaines, G. Le Baker, p. 254 et 257).

5. « Summo mane » Gilles le Muisit, p. 159-160. « Et li rois d'Angleterre s'en estoit partis à petite prime. » (Froissart, t. III, p. 158. Cf. Jean le Bel, t. II, p. 95).

estoit et se parti mout en haste atout son ost [1] », et Philippe
de Valois arriva à l'heure de midi [2] ; ainsi ses troupes purent
se restaurer à l'aide des « viandes que les Anglois avoient
appareillées [3] ».

Après avoir quitté Airaines, le roi d'Angleterre voulant
sans doute éviter d'être rejeté sur la Somme, se dirigea vers
l'ouest, ravageant et brûlant tout sur son passage. Oisemont [4]
qui essaya de résister fut pris et incendié, une grande partie de ses défenseurs faits prisonniers ou tués et le reste mis
en fuite [5]. Tandis que le gros de l'armée s'emparait de cette
ville, des coureurs et des pillards dévastaient la campagne [6].

1. *Chronique normande*, p. 79, *Grandes Chroniques*, t. V, p. 459, *Chronographia regum Francorum*, t. II, p. 229, Richard Lescot, p. 73.

2. Jean le Bel, t. II, p. 95.

3. *Grandes Chroniques*, t. V, p. 460.

4. Oisemont, Somme, arr. d'Amiens, ch.-l. de cant.

5. Jean le Bel, t. II, p. 95, Froissart, t. III, p. 157, 391 et 392. Cf.
Chronique normande, p. 79, *Chronographia regum Francorum*, t. II, p. 229.
D'après Froissart, t. III, p. 392, ce seraient les gens du Vimeu ayant
à leur tête le sire de Boubers, les seigneurs de Brimeux, de Sains, de
Louville et de Sempy qui auraient défendu Oisemont. Tous ces sei-
gneurs auraient été faits prisonniers par les Anglais.

6. Froissart (t. III, p. 391) dit que l'avant-garde de l'armée anglaise
aurait couru jusqu'à Aumale (Seine-Inférieure, arr. de Neufchâtel, ch.-
l. de cant., plutôt que le hameau de ce nom de la commune d'Offoy,
Somme, arr. de Péronne, cant. de Ham, indiqué par Luce, p. XLIII) et
en revenant d'Aumale aurait pillé et brûlé Senarpont (Somme, arr.
d'Amiens, cant. d'Oisemont). Or, bien que Jean le Bel (t. II, p. 95) dise
qu'Edouard III passa la nuit à Oisemont, ses itinéraires (G. Le Baker,
p. 257) nous apprennent qu'après avoir séjourné le 21 et le 22 à
Airaines, il alla coucher le 23 à Acheux (Somme, arr. d'Abbeville, cant.
de Moyenneville), ayant quitté Airaines le même jour de grand matin.
Il ne fit donc que traverser Oisemont pour remonter ensuite vers le
nord, et il est peu vraisemblable que, surtout l'avant-garde de son
armée ait pu, dans ces conditions aller à plus de 30 kilomètres en arrière
piller Aumale et revenir ensuite à Oisemont après avoir saccagé et
incendié Senarpont sur son passage. Il est plus probable, ou que Froissart confondit Aumale avec Aumatre, localité située à quelques kilomètres d'Oisemont et à mi-chemin environ entre cette ville et Senarpont, ou qu'il ait rapporté au 23 août, le pillage d'Aumale qui put
avoir lieu plutôt le 20, quand l'armée anglaise allant à Camps en Amié-

Si nous en jugeons par la direction que prit Edouard III
après Oisemont, l'attaque de cette ville dut être une nouvelle diversion tentée par l'astucieux monarque afin d'entraîner Philippe VI loin du point où il voulait encore chercher à traverser la Somme. En effet, au lieu de continuer
vers l'ouest, il remonte vers le nord et va dans la même journée coucher à Acheux. Pendant qu'il était à Acheux, son
armée ravageait tout le pays jusqu'aux portes d'Abbeville [1].
Sa situation était des plus périlleuses et il se rendait compte
que s'il ne parvenait pas à franchir promptement la Somme
son adversaire allait le cerner entre elle et la mer. Le danger
était même d'autant plus grand et plus pressant que Philippe VI était sur ses talons et que les rives du fleuve semblaient
bien gardées. S'emparer d'Abbeville, il n'y pouvait songer, la
ville pourvue d'une bonne garnison se défendrait énergiquement et il risquait de se trouver ainsi pris entre elle et l'armée
française qui arriverait d'un instant à l'autre. Il lui fallait
donc sans retard trouver un moyen de sortir de l'impasse dans
laquelle il se trouvait. Pensant que parmi les prisonniers
faits dans cette région, il y en aurait qui pourraient connaître quelque gué de la Somme par lequel ses troupes passeraient, il les fit venir devant lui et promit à celui qui
indiquerait un passage, la liberté ainsi que celle de trois ou
quatre de ses compagnons, et cent écus d'or [2]. Alléché par
ces promesses, un valet nommé Gobin Agace [3] dit au roi

nois s'empara de Poix. Aumale qui est en effet à une vingtaine de kilomètres à l'ouest de Poix, se trouve à la même distance au sud de Camps.

1. « Le noble roy Edouart chevaucha grandement, luy et ses mares-
chaulx, ardant et exillant tout le pays d'entour, tant qu'ilz furent à
Marrocil (Mareuil, Somme, arr. et cant. d'Abbeville). Si ardirent la ville
et le chastel, et toutes les autres villettes d'autour que je ne sçay nom-
mer, tant que les flamesches en aloient jusques en la ville d'[Abbeville]
en Ponthieu » (Jean le Bel, t. II, p. 95).

2. Jean le Bel, (t. II, p. 96). Froissart (t. III, p. 159), dit vingt compagnons, au lieu de trois ou quatre.

3. Jean le Bel (t. II, p. 96) ne donne pas le nom de ce valet, il dit seulement : « Là avoit ung varlet qui voulentiers gaagnast cel offre ».

d'Angleterre qu'il connaissait un gué où à la marée basse douze hommes passeraient de front n'ayant de l'eau que jusqu'aux genoux. De plus. le fond de ce gué formé de bon gravier et de blanche marne. forte et dure, pouvait soutenir le passage de chars et de voitures ; on l'appelait dans le pays, le passage de la « Blanche Tache » [1].

« Le noble roy », dit naïvement Jean le Bel, « n'eust pas esté si joyeux s'on luy eust donné vingt mille escus. » Il promit au valet que si son renseignement était exact, il délivrerait « tous ses compaignons pour l'amour de luy, » et fit crier « au son de la trompe, » par tout le camp, de se tenir prêt à partir. A minuit, il se leva et fit donner le signal du départ [2]. Sous la conduite de Gobin Agace et de ses compagnons, les Anglais partis d'Acheux [3] arrivèrent au

C'est Froissart (t. III, p. 159) qui le fait connaître. « Là eut un varlet que on clamoit Gobin Agace ». Le *Bourgeois de Valenciennes* (voir Kervyn de Lettenhove, Froissart, t. V, p. 471) sans donner de nom, dit que ce fut un écuyer qui était « à monseigneur Olifart de Ghistelle ».

1. Jean le Bel, t. II, p. 96. Froissart, t. III, p. 160.
2. Jean le Bel, t. II, p. 96, Froissart, t. III, p. 160.
3. Les Anglais ne partirent pas d'Oisemont, comme le dit Froissart. et comme le laisserait entendre Jean le Bel. S'ils étaient partis de cette ville, ils n'auraient pu atteindre le gué de la Blanchetaque au soleil levant, en quittant la ville à minuit, car la distance entre ces deux points est de 30 à 35 kilomètres et le 24 août, le soleil se lève à 4 h. 56. Partis d'Acheux qui est au plus à 15 kilomètres de ce gué, il leur était au contraire facile de franchir cette distance entre minuit et 5 heures du matin. Le gué de la Blanchetaque n'est pas en effet à l'endroit indiqué par la carte de Cassini, soit à l'embouchure de la Somme, au-dessus du Crotoy. Les renseignements fournis par plusieurs chroniques permettent de le situer. Gilles le Muisit (p. 160) dit qu'il est à deux lieues d'Abbeville. Les *Grandes Chroniques* (éd. P. Paris, t. V, p. 459) disent que d'Airaines. Edouard III « s'en alla à Saigneville (Somme, arr. d'Abbeville, cant. de Saint-Valery-sur-Somme) au lieu qui est dit Blanche-Tache et ilec passa la rivière de Somme avecques tout son ost ». La *Chronographia regum Francorum* (t. III, p. 229) dit : « Abiit ad quemdam locum fluvii Somene, nomine Blanquetaque, non multum distantem a quadam villa nomine Noiella supra mare » (Noyelles-sur-Mer, Somme, arr. d'Abbeville, cant. de Nouvion-en-Ponthieu). Toutes ces indications concordent pour placer la Blanquetaque entre Saigneville,

gué le 24, au lever du soleil. La marée était haute ; l'armée dut alors s'arrêter sur les bords de la rivière pendant une partie de la matinée [1] en attendant que le flot se fût retiré. Cette attente permit aux troupes de l'arrière de se grouper et de s'organiser afin de pouvoir promptement effectuer le passage [2]. Pendant qu'Edouard III stationnait ainsi sur la rive gauche, Godemar du Fay, avec Jean de Picquigny, L'Hermite de Caumont, Jean du Cange, trésorier des guerres [3] et une armée composée de 500 hommes d'armes et de 3.000 hommes des communes [4], venus d'Abbeville, de Montreuil, de Rue, de Saint-Riquier, du Crotoy [5], accourut sur la rive droite pour s'opposer au passage des Anglais. Dès que le roi d'Angleterre, après avoir groupé toutes ses troupes, vit que l'eau s'était suffisamment retirée, il donna ordre de chercher à passer le gué. Cent hommes d'armes [6]

sur la rive gauche de la Somme et Port-le-Grand (cant. de Nouvion-en-Ponthieu) sur la rive droite, c'est-à-dire à environ huit kilomètres au-dessous d'Abbeville, (Cf Froissart, éd. Luce, t. III, p. xliv, note 3). M. Joachim Ambert, dans son *Mémoire sur l'expédition anglaise de 1346 et sur la bataille de Crécy*, p. 73-74, est en complète contradiction avec les chroniques tant françaises qu'anglaises et avec les itinéraires d'Edouard III, en le faisant passer par Saint-Valery, le Crotoy, Rue et contourner la forêt de Crécy, au lieu de la traverser.

1. « Si arresta là ledit roy jusques après prime que ledit flos s'en rala ». (Jean le Bel, t. II, p. 97).

2. Jean le Bel, *ibid.*

3. *Chronique normande*, p. 79, *Chronographia regum Francorum*, t. II, p. 229.

4. Ces chiffres sont donnés par Michel de Northburg (dans R. d'Aves-bury, p. 368).

5. Froissart, éd, Luce, t. III, p. 163 et 398. Selon Froissart (*id.*, p. 161 et 397) le nombre des défenseurs que Godemar du Fay aurait réunis pour défendre le gué de la Blanchetaque se serait élevé à 12.000, chiffre sans doute exagéré. Richard Wynkeley, confesseur d'Edouard III (dans Adam Murimuth, p. 216), n'estime le nombre des Français qu'à environ 1.000 hommes à cheval et 5.000 hommes de pied et H. Knighton, t. II, p. 36, qu'à 3.000 hommes.

6. La *Chronographia regum Francorum*, t. II, p. 230, dit : « Et exierunt de exercitu regis Anglie ducenti Anglici qui fluvium, qui tunc parvus erat, transierunt ».

commandés par le comte de Northampton et Renaud de
Cobham, et précédés d'archers[1] s'avancent dans le fleuve.
Les archers commencent à cribler de flèches les Français
qui sont sur la rive opposée. Les Génois ripostent d'abord
avec avantage[2] : mais peu à peu les Anglais gagnent du
terrain. Les Français entrent alors aussi dans l'eau pour les
repousser ; un corps à corps s'engage au milieu du fleuve ;
cependant, malgré la bravoure et la résistance de Godemar
du Fay et de ses troupes, ils furent obligés de reculer[3]. L'ennemi dut se battre avec l'énergie et le courage que peut
donner l'approche du danger, car il savait que Philippe VI le
suivait et était à peu de distance. Hugues Despenser atteignit
l'autre rive l'un des premiers[4]. Voyant l'inutilité de ses
efforts pour empêcher l'ennemi de passer le gué, Godemar
du Fay dut alors s'enfuir avec ses troupes[5]. Les Anglais les
poursuivirent jusqu'aux portes d'Abbeville, firent de nombreux prisonniers et tuèrent plus de 2.000 hommes.[6]

1. Adam Murimuth, p. 216. H. Knighton, t. II, p. 36-37.

2. « Et y avoit Genevois qui dou tret leur faisoient moult de maulz »
(Froissart, t. III, p. 162).

3. « Là commencha ung très fort hustin, car les Françoys deffendirent
grandement l'issue du pas merveilleusement forte » (Jean le Bel, t. II,
p. 97, cf. Froissart, t. III, p. 161). Si Jean le Bel et Froissart s'accordent
pour reconnaître que Godemar du Fay défendit énergiquement le gué
avec ses troupes, la plupart des autres chroniques l'accusent de s'être
enfui (Gilles le Muisit, p. 160. Guillaume de Nangis, t. II, p. 200, *Chronique normande*, p. 80. *Chronographia regum Francorum*, t. II, p. 230).
Philippe VI ne sembla pas néanmoins lui en tenir rigueur, puisqu'au
mois d'août 1349 on le trouve remplissant les fonctions de sénéchal de
Beaucaire. (J. Viard, *Journaux du trésor de Philippe II de Valois*, n° 5016).

4. Geoffroi Le Baker, p. 81.

5. « Quant messires Godemars vey le meschief, il se sauva au plus tost
qu'il peut, et ossi fisent tamaint de se route » (Froissart, t. III, p. 162-
163).

6. G. Le Baker, p. 81. Michel de Northburg, dans Robert d'Avesbury,
p. 368, Richard Wynkeley, dans Adam Murimuth, p. 216, H. Knighton, t. II, p. 37, donnent le même chiffre. Gilles le Muisit, p. 160, dit
qu'il y eut plus de 1.000 hommes de pied tués ; Jean le Bel (t. II, p. 97)
dit seulement : « De mors y demoura grand foison enmy les prez ».

Comme le dit Jean le Bel [1], « ce fut grande grâce que Dieu fit » à Edouard III, de lui avoir fait connaître le gué de la Blanchetaque, « car s'il n'eust passé ce jour mesmement, le roy Philippe l'eust enclos et de tous les Angloys fait sa voulenté ». Le roi de France, qui depuis Airaines, où il avait failli surprendre son ennemi, avait gagné Abbeville [2], accourut en effet sur la rive gauche avec une forte armée [3]. Il espérait sans doute tomber sur les Anglais au moment où ils tenteraient le passage de la Somme et les écraser entre son armée et les troupes de Godemar du Fay ; mais quand il arriva au gué, ils avaient achevé de passer [4] et la marée remontait, de sorte qu'il dut retourner à Abbeville [5].

Dès qu'ils eurent franchi la Somme, les Anglais se dirigèrent sur Noyelles. Cette ville et son château auraient été épargnés [6] parce qu'ils appartenaient à Catherine d'Artois, sœur de Robert d'Artois [7]. Dans la nuit, Hugues Despencer

1. T. II, p. 98.

2. *Grandes Chroniques*, t. V, p. 460. « Après ce, s'en retourna le roy comme dolent à Abbeville pour assembler son ost et pour fortifier les pons de ladite ville, afin que son ost peust seurement passer par dessus, car il estoient moult foibles et moult anciens. »

3. G. Le Baker, p. 81-82.

4. Dans sa lettre à Thomas de Lucy, Edouard III rapporte qu'il passa la Somme « à un guet où la mer foule et refoule. Si passerent bien mille persons à frunt, où avant ces heures, à payne souloient passer trois ou quatre ». Une heure aurait ainsi suffi à toute l'armée anglaise pour passer la Somme (Kervyn de Lettenhove, Froissart, t. V, p. 471).

5. *Chronique normande*, p. 80. *Chronographia regum Francorum*, t. II, p. 230.

6. Si la ville et le château de Noyelles-sur-Mer (Somme, arr. d'Abbeville, cant. de Nouvion-en-Ponthieu) furent épargnés, tout le pays situé autour fut ravagé et incendié. (J. Viard. *Lettres d'état enregistrées au Parlement sous le règne de Philippe VI de Valois*, n° 467).

7. Jean le Bel, t. II, p. 98, Froissart, éd. Luce, t. III, p. 164, 400, 401. Malgré le P. Anselme, *Hist. généalogique*, t. I, p. 388, S. Luce, Froissart, t. III, p. xlvii et l'*Art de vérifier les dates*, éd. in-8°, t. XII, p. 436, disant que Catherine d'Artois était fille et non sœur de Robert d'Artois, nous suivons plutôt Jean le Bel et Froissart qui nous la présentent comme sa sœur. En effet, Robert d'Artois avait épousé Jeanne de Valois en 1318.

alla jusqu'au Crotoy qu'il prit et incendia. Quatre cents Génois, défenseurs de la ville, furent massacrés et les vivres trouvés sur les navires ancrés dans le port enlevés pour le ravitaillement de l'armée [1]. Après avoir pillé cette ville et tout le pays autour, les détachements anglais chargés de butin et poussant devant eux le bétail qu'ils avaient pris [2], rejoignirent le gros de l'armée qui campait près de la forêt de Crécy [3]. Le lendemain 25 août, Edouard III passant probablement par Forest-l'Abbaye [4], traversa la forêt de Crécy et campa de l'autre côté, ses troupes occupant une partie de cette forêt [5].

Philippe de Valois qui, après sa tentative pour surprendre son adversaire sur les bords de la Somme, était rentré à Abbeville, y resta pendant toute la journée du vendredi 25 [6]. Logé à l'abbaye Saint-Pierre [7], il y célébra la fête de saint Louis et attendit les troupes de vassaux ou de princes étran-

---

Dans ces conditions, Catherine d'Artois n'aurait pu naître qu'à l'extrême fin de cette année ou dans le courant de 1320 ; elle aurait été vraiment bien jeune pour épouser, avant le mois de septembre 1320, Jean de Ponthieu II, comte d'Aumale, dont le père Jean 1 de Castille fut tué le 11 juillet 1302 à la bataille de Courtrai (cf. J. Marie Richard, *Mahaut, comtesse d'Artois et de Bourgogne*, p. 64, note 5, qui montre que l'annonce de la naissance d'une fille de la comtesse d'Aumale le 23 mai 1318, se rapporte très vraisemblablement à une des filles de Catherine d'Artois).

1. G. Le Baker, p. 81, R. d'Avesbury, p. 368, Thomas Walsingham, *Historia anglicana*, t. I, p. 268, Froissart, éd Luce, t. III, p. XLVII, note 2 et p. 164-165, 400-401.

2. Jean le Bel, t. II, p. 98-99.

3. G. Le Baker, p. 252 et 254, R. d'Avesbury, p. 368.

4. Forest-l'Abbaye, Somme, arr. d'Abbeville, cant. de Nouvion-en-Ponthieu.

5. G. Le Baker, p. 254, Michel de Northburg (dans R. d'Avesbury, p. 368), dit qu'Edouard III campa « en mesme la forest de Cressy ».

6. « Pour la révérence de monseigneur saint Loys, duquel le jour estoit » (*Grandes Chroniques*, t. V, p. 460).

7. Froissart, t. III, p. 171, et J. Viard, *Lettres d'état enregistrées au Parlement sous le règne de Philippe VI de Valois*, n° 447.

gers qui devaient lui prêter leur concours [1]. Ces troupes ne pouvant toutes trouver abri dans la ville, campaient au dehors ou prenaient leurs quartiers dans les villages voisins « pour estre plus apparilliés à lendemain, car c'estoit sen entention que de issir hors et combatre ses ennemis [2]. » Il était en effet bien certain que séparés par une très petite distance, les adversaires ne devaient pas tarder d'en venir aux mains. Au reste, le roi d'Angleterre comprenait qu'il ne pouvait aller plus loin [3]. La seule chance de salut qui lui restait était d'attendre son ennemi en prenant les meilleures dispositions possibles pour lui résister victorieusement et l'obliger à reculer. Son armée, épuisée par de longues marches, n'avait presque plus de vivres et manquait de chaussures. Après avoir traversé la Somme, elle avait maintenant devant elle l'Authie, rivière coulant dans un val marécageux, dont le passage ne pouvait s'effectuer facilement [4]. Si les Français survenaient pendant cette opération, c'était son anéantissement presque certain.

Le 26 au matin [5], Edouard III s'occupa donc de disposer son armée sur un terrain favorable à la défensive. A la sortie de la forêt, le roi d'Angleterre qui « estoit sur son droit heritage » [6]. pénétrait dans la vallée de la Maie, petite rivière qui peu après sa source traverse le bourg de Crécy. Au delà de ce bourg, s'élèvent en pente douce quelques collines délimitant la partie nord de la vallée ; ce fut sur l'une de ces hauteurs qu'Edouard III vint s'établir. A peu de distance de Crécy, à côté de l'écart actuel de Crécy-Grange,

1. Jean le Bel, t. II, p. 100. Froissart, t. III, p. 167-168. « Encores attendoit li dis rois le conte de Savoie et monsigneur Loeis de Savoie son frere, qui devoient venir a bien mil lances ».

2. Froissart, t. III. p. 167.

3. Jean le Bel, t. II. p. 105.

4. Villani, dans Muratori, *Rerum italicarum scriptores*, t. XIII, p. 947.

5. G. Le Baker, p. 82.

6. Jean le Bel, t. III, p. 105.

se trouve un petit bois : près de ce bois, le roi d'Angleterre
forma d'abord un grand parc à l'aide des chars et des charrettes de son armée. Voulant rester sur la défensive et ses
chevaux ne pouvant alors lui être de grande utilité, il les
fit mettre dans ce parc auquel on ne laissa qu'une entrée.

Il divisa ensuite ses troupes [1] en trois corps placés sur
les flancs de la colline. Le premier corps, à la partie infé-
rieure, fut mis sous le commandement du prince de Galles
assisté des comtes de Warwick, de Stafford, de Kent, du
traître Godefroi d'Harcourt, du sire de Manny, de Jean
Chandos, etc. [2]. Il était formé de 1.200 armures, de 3.000 archers et de 3.000 Gallois. Le deuxième corps fut confié au
comte de Northampton qui avait avec lui parmi beaucoup
d'autres seigneurs, le comte de Suffolk, l'évêque de Durham,
le comte d'Arondel, les sires de Ross, de Willeby, etc. ; il
était composé de 1.200 armures et de 3.000 archers. Le troisième corps retenu par Edouard III formait le centre entre
les deux autres [3] et comprenait 1.600 armures et 4.000 archers. Pour renforcer encore leur position et se mettre à

1. Selon Jean le Bel (t. II, p. 105 et 106) l'effectif total des troupes du
roi d'Angleterre s'élevait alors à 4.000 armures et 13.000 archers et
gallois. D'après Froissart (t. III, p. 404) à 4.000 hommes d'armes et
12.000 archers. Si l'on rapproche ces chiffres de ceux que Jean le Bel
(p. 69 et 100) donne comme composant l'armée d'Edouard III à son
débarquement (4.000 armures, 10.000 archers et 10.000 hommes de
pied), ils semblent très vraisemblables. Il ne faut pas être surpris de la
disproportion des pertes éprouvées par les archers et les hommes de
pied, en comparaison de celles qu'éprouvèrent les chevaliers et les
écuyers. Partout, à Caen, où Edouard III fut frappé du nombre de ses
hommes tués et où il avait laissé 1.500 hommes qui furent massacrés,
à Gaillon, au pont de Poissy, à Poix, à la Blanchetaque, c'étaient toujours les archers qui commençaient l'attaque et marchaient en tête.
Il n'est donc pas surprenant qu'il y ait eu beaucoup de tués parmi eux
et très peu parmi les autres. Villani (op. cit., p. 948), exagère certainement en disant qu'Edouard III avait 4.000 chevaliers et 30.000 archers
anglais et gallois.

2. Jean le Bel, t, II, p. 105, Froissart, t. III, p. 169, 405, 407, 409.

3. Jean le Bel, t. II, p. 106.

l'abri des charges de cavalerie, les Anglais creusèrent en avant du premier corps des fossés profonds d'un pied et de même largeur [1], et firent en différents points des abatis d'arbres [2].

L'armée anglaise échelonnée de Crécy et de la rivière de la Maie où elle appuyait son aile droite, à Wadicourt, où était son aile gauche, se trouvait adossée au petit bois de Crécy-Grange. Protégée par derrière par ce bois et par le parc formé à l'aide de ses voitures, son front dominait la *Vallée aux Clercs* [3] : elle était donc dans une situation très avantageuse et des plus faciles à défendre. On comprend qu'après avoir ainsi organisé sa défensive, Edouard III, plein de confiance, ait cherché à la communiquer à ses troupes en passant de rang en rang, leur adressant la parole avec assurance et le visage souriant [4]. Comme son adversaire venait sur lui avec des forces beaucoup supérieures aux siennes, il prévoyait qu'il aurait à résister à de nombreux assauts. Aussi, sachant que le soldat épuisé par la fatigue et par la faim ne peut supporter un grand effort, il donna ordre de distribuer des vivres et des rafraîchissements et fit tenir ses troupes au repos [5]. Redoutant que dans l'action ses hommes ne pussent être attirés par l'appât du butin et n'apportassent du désordre et de la confusion dans les rangs, il leur défendit sous peine de la hart de quitter leur place [6]. Du côté anglais, tout était donc bien prévu et ordonné.

Pendant qu'Edouard III prenait ainsi ses dispositions, Philippe de Valois, ayant réuni la majeure partie de ses troupes à Abbeville et dans les environs pendant la journée du vendredi 25, impatient de se mesurer avec son adver-

1. G. Le Baker, p. 83.
2. *Chronographia regum Francorum*, t. II. p. 232, *Chronique normande*, p. 80-81.
3. Froissart, éd. Luce, t. III, p. LVI, note 4.
4. Jean le Bel, t. II, p. 106, Froissart, t. III, p. 170.
5. Jean le Bel, *ibid.*, Froissart, *ibid.*
6. Jean le Bel, *ibid.*

saire, quitta cette ville le samedi 26 au matin [1]. Il se serait
d'abord dirigé sur Noyelles [2] espérant l'acculer à la mer et
aux marais que la Maie et l'Authie forment à leur embouchure. Après avoir parcouru quelques kilomètres, il
apprit que le roi d'Angleterre était remonté vers Crécy ; il
reprit alors cette direction. Son armée que Wynkeley [3]
évalue approximativement à 12.000 hommes d'armes et
60.000 sergents, parmi lesquels d'après Villani, devaient se
trouver 6.000 archers gênois [4], aurait été divisée en trois
corps [5]. Le premier comprenait les archers sous les ordres de
Charles Grimaldi et d'Antonio Doria et avec eux étaient Jean,
roi de Bohême, et Charles son fils. Dans le second corps placé
sous les ordres de Charles comte d'Alençon, frère du roi,
étaient 4.000 chevaliers et de nombreux sergents de pied.
Enfin, Philippe VI s'était réservé le troisième corps composé d'un grand nombre de chevaliers et de sergents de

1. *Grandes Chroniques*, t. V, p. 460, Froissart, t. III, p. 171.

2. Froissart, éd. Luce, t. III, p. XLIX, note 2.

3. Dans A. Murimuth, p. 216.

4. H. Knighton, *op. cit.*, t. II, p. 38, dit que l'armée de Philippe VI
comprenait 12.000 chevaliers « XII millia galliarum » et 50.000 hommes
d'armes. Villani, *op. cit.*, p. 948, dit aussi qu'elle comprenait bien
12.000 hommes à cheval et un nombre incalculable de sergents.
Jean le Bel (t. II, p. 100) et Froissart (t. III, p. 410) semblent exagérer
en évaluant l'armée française à 20.000 armures de fer à cheval et à
100.000 hommes de pied, parmi lesquels se trouvaient environ
12.000 bedeaux et Gênois. Froissart exagère encore plus quand il fait
monter le nombre des archers gênois à 15.000 (p. 175 et 418) et même
à 20.000 (p. 404). La *Chronique normande* (p. 80) et la *Chronographia
regum francorum* (t. II, p. 231) ne donnent que le chiffre de 2.000 archers
gênois ; G. Le Baker (p. 83) celui de 7.000 et Gilles le Muisit (p. 161)
celui de 10.000 ; page 164, il estime l'armée de Philippe VI à 16.000 hommes d'armes et à une innombrable quantité de sergents à pied.

5. Villani, *op. cit.*, p. 948. G. Le Baker (p. 82), dit que l'armée française était divisée en neuf corps et il place également le roi de Bohême
dans le premier corps. D'après le *Bourgeois de Valenciennes* (Kervyn de
Lettenhove, Froissart, t. V, p. 474), l'armée de Philippe VI aurait compris 200.000 hommes et aurait été divisée en cinq corps ; le roi de Bohême
aurait été alors dans le troisième corps après les archers et les communes, et le roi dans le cinquième.

pied. Derrière, suivant de loin l'armée qui, quoique fatiguée, pressait sa marche, venaient les chariots chargés de boucliers, de carreaux, d'armures, etc. [1]

Après s'être ainsi avancé pendant une partie de la journée, Philippe VI fut prévenu par les éclaireurs envoyés en avant, que les Anglais étaient arrêtés à une petite distance [2]. Pour être bien fixé sur la position de son adversaire, il commanda à Henri le Moine, de Bâle [3], « moult vaillant chevalier et usé en armes », et aux seigneurs de Noyers, de Beaujeu et d'Aubigny, d'aller aussi près que possible de l'ennemi afin de reconnaître sa situation et de se rendre compte de sa force. Leur mission remplie, ces chevaliers revinrent auprès du roi, non sans avoir fait arrêter d'abord, pour attendre les autres, des troupes qui n'étaient plus guère qu'à une lieue du camp anglais [4]. Philippe VI leur demanda alors de lui rapporter ce qu'ils avaient vu. Le Moine de Bâle qu'il sollicita particulièrement, lui apprit comment ses ennemis étaient organisés ; il lui conseilla en conséquence, de faire arrêter ses hommes afin qu'ils pussent se reposer jusqu'au dimanche matin. Cet arrêt permettrait à ses troupes dispersées sur une grande distance de se grouper, et le lendemain, après la messe, il pourrait livrer bataille avec des troupes fraîches et qu'il aurait mieux ordonnées afin d'obtenir la victoire sur ses ennemis [5]. Il

1. Gilles le Muisit, p. 161, *Chronographia regum Francorum*, t. II, p. 232.

2. « Ainsy que eut alé III lyewes, ces chevaucheurs retournerent et luy dirent que les Angloys n'estoient pas IIII lyewes plus avant » (Jean le Bel, t. II, p. 101).

3. Voir notre article sur *Henri le Moine, de Bâle, à la bataille de Crécy*, dans la *Bibliothèque de l'Ecole des Chartes*, t. LXVII (année 1906), p. 489-496.

4. Jean le Bel, t. II, p. 101. Cf. Froissart, éd. Luce, t. III, p. 171-173.

5. Suivant Gilles le Muisit (p. 161) ces conseils auraient été donnés à Philippe de Valois, par Jean de Beaumont, Mile de Noyers et plusieurs autres. « Fuitque regi datum consilium a domino Johanne de Byaumont, domino Milone de Noiiers, qui portabat signum Beati Dyonisii

ajouta, en même temps pour répondre à la préoccupation
de Philippe de Valois qui craignait de les voir encore
échapper, que certainement ils l'attendraient cette fois.

Si ces sages conseils eussent été suivis, le roi eut évité le
retentissant désastre dont le nom s'associe à ceux de Courtrai, de Poitiers et d'Azincourt, et même, sans grand effort,
il aurait pu obliger son adversaire affamé à se rendre. Mais,
hélas ! on est obligé de reconnaître qu'il ne voulut rien
écouter [1] et qu'aveuglé par sa haine contre l'Anglais, il
engagea la bataille trop précipitamment.

Ses troupes fatiguées étaient échelonnées tout le long de
la route [2] ; les voitures portant les targes et les carreaux des
Gênois suivaient à l'arrière [3]. Tandis que du côté des Français la confusion et l'encombrement ne faisaient que s'ac-

quod vocatur *l'oliflamble*, et aliis quampluribus quod suas gentes
expectaret, et suas aties et scalas ordinaret ». Cf. *Grandes Chroniques*,
t. V, p. 460, *Chronographia regum Francorum*, t. II, p. 231, *Chronique
normande*, p. 80.

1. Presque tous les chroniqueurs sont d'accord sur ce point. Les
Grandes Chroniques (t. V, p. 460) parlant du roi disent : « Lequiel fu
espris de grant hardiesse et de courroux, désirant de tout son cuer
combatre à son anemi. Si fist tantost crier : *A l'arme !* et ne voult croire
au conseil de quelconque qui loyaument le conseillast. » Gilles le Muisit (p. 161) « Non acquiescens eorum consilio, motu proprio fecit ad
arma proclamare ». Richard Lescot (p. 73-74) « Contra voluntatem prin-
cipum. » *Chronographia regum Francorum* (t. II, p. 231) « Et rex Francie
tantum desideravit aggredi inimicos quod, pro quocumque consilio,
noluit expectare communias ». Froissart (t. III, p. 173-174) qui com-
mence comme Jean le Bel par rejeter sur l'orgueil des seigneurs préten-
dant être tous au premier rang, le désordre et la confusion qui se
produisirent au début de la bataille, ajoute plus loin (p. 175) « Quant
li rois Phelippes vint jusques sus la place où li Englès estoient priès de
là arresté et ordonné, et il les vei, se li mua li sans, car trop les haioit.
Et ne se fust à ce donc nullement refrenés ne astrains d'yaus combatre ».

2. « Et estoient li chemin tout couvert de gens, entre Abbeville et
Creci » (Froissart, t. III, p. 174).

3. Gilles le Muisit, p. 161, *Chronographia regum Francorum*, t. II,
p. 232, *Chronique normande*, p. 80.

croître par suite de l'afflux incessant des hommes [1], du côté des Anglais régnaient l'ordre et le calme. Dès qu'ils virent les Français approcher, chacun occupa la place qui lui avait été assignée. Les archers bien abrités [2], mis sur les ailes en forme de herse et n'abordant pas l'ennemi de front ne pouvaient gêner l'action des hommes d'armes placés au milieu et en arrière [3]. Le premier corps ainsi disposé pour recevoir le choc de l'ennemi, était appuyé par le deuxième corps commandé par les comtes de Northampton et d'Arondel et le roi plus en arrière placé sur la motte d'un moulin à vent, pouvait, du haut de cet observatoire, suivre les phases de la lutte et prendre les mesures nécessaires pour rétablir l'équilibre aux points qu'il verrait fléchir [4].

Philippe de Valois qui voyait le jour baisser [5] et espérait, grâce à sa nombreuse armée et à la vaillance des chevaliers qui l'entouraient, écraser promptement son adversaire, donna donc l'ordre de faire avancer les Gênois. Il pensait que ces archers, nombreux et habiles au tir de l'arbalète, rompraient facilement les premières lignes anglaises. Il pourrait alors en lançant sa cavalerie, semer le désordre et la panique parmi ses ennemis, les mettre en fuite ou les exterminer. Il ne réfléchit pas, en agissant ainsi que les voitures portant les targes et une grande partie des carreaux étaient encore à l'arrière, et que ses arbalétriers fatigués par une longue marche allaient se trouver en face des archers gallois reposés et rompus au tir de l'arc. Ces derniers pouvaient aisément

1. « Gallicorum multitudine honerosa per advenientes continuis incrementis multiplicata. » (G. Le Baker, p. 83. Cf. Jean le Bel, t. II, p. 102, Froissart, t. III, p. 173).

2. « Les Anglois furent bien targiez de leur charroy et de fortes haies et d'autre targement et trairent fort de leurs saiettes ». (*Chronique normande*, p. 80-81).

3. G. Le Baker, p. 83-84, Froissart, t. III, p. 175 et 416.

4. Froissart, t. III, p. 182 et 416.

5. « Circa solis occasum » (Geoffroi Le Baker, p. 83). « Il estoit près de la nuit quant la bataille commencha (Jean le Bel, t. II, p. 103).

lancer dans le même temps trois fois plus de flèches que leurs adversaires et annihiler ainsi leur effort[1]. Le résultat de cette attaque inconsidérée ne se fit pas attendre. Après avoir rapidement épuisé les carreaux qu'ils portaient sur eux, les Gênois ne pouvant les renouveler, criblés de flèches et n'ayant pas leurs targes pour se protéger, reculèrent en désordre[2]. En outre, la situation des Français qui avaient

---

1. Villani, *op. cit.*, p. 948. Cf. Froissart, éd. Luce, t. III, p. LIII, note 1. On peut se rappeler encore que dans toutes les actions précédentes, prise de Caen, pont de Poissy, passage de la Blanchetaque, les Anglais furent victorieux grâce à la supériorité de leurs archers.

2. « On faisoit les Genevois arbalestriers à leur aise aller tout devant et porter sus chars leurs arbalestres et leur artillerie, car on volloit de yaux commenchier la bataille et assembler as Englés » (Froissart, t. III. p. 410). « Balistarii sine targis quia erant retro ad sarchinas » (Gilles le Muisit, p. 161). « Resistere non valebant quia defensiones et targias suas non habebant » (*id.*, p. 162). « Et clipei Jannencium et magna pars artilleriarum suarum remanserat supra currus et quadrigas qui veniebant post exercitum Francorum » (*Chronographia regum Francorum*, t. II, p. 232). « Et fist II^m Genevois arbalestiers mettre devant, lesquels trairent ce que ilz avoient de trait, mais pou en avoient avecques eulz, car venuz estoient en haste et leur charroy estoit darriere, par quoy leur trait faillit tantost » (*Chronique normande*, p. 80). Nous croyons donc que la vraie cause de la débandade des Gênois est bien le manque de munitions et d'armes défensives, plutôt que la pluie problématique dont parlent certains chroniqueurs. Nous pensons en effet que chez quelques-uns au moins, il dut y avoir confusion entre la pluie ou la grêle de flèches et la pluie du ciel « et imbrem quarellorum grandine sagittarum finiverunt » (G. Le Baker, p. 83). Il faut d'abord remarquer qu'en dehors de Knighton (t. II, p. 37), chroniqueur de la fin du XIVe siècle, aucun des autres chroniqueurs anglais contemporains, ou qui écrivirent peu après tels que G. Le Baker (p. 83). A. Murimuth (p. 246), Richard Wynkeley dans A. Murimuth (p. 216), Michel de Northburg dans R. d'Avesbury (p. 369), (voir aussi Thomas Walsingham *Historia anglicana*, t. I, p. 268, *Eulogium historiarum*, p. 210) ne fait allusion à l'orage qui, selon Froissart (éd. Luce, t. III, p. 176, 416, 418), aurait éclaté au début de l'action. Or, comme le dit Voltaire (*Essai sur les mœurs*, t. II, p. 347, t. XVI de ses œuvres complètes, impr. Dupont, 1823) comment peut-on expliquer que chez des adversaires aussi rapprochés qu'étaient les Gênois et les Anglais, les cordes des premiers auraient été mouillées et non celles des seconds. Guillaume de Nangis, t. II, p. 202, voulant l'expliquer, dit que les archers

le soleil en face, « droit en l'oel » dit Froissart [1], n'était pas

anglais pour préserver leurs cordes les placèrent sur leur tête, sans doute sous leur casque. Mais les Génois qui certainement ne combattaient pas pour la première fois sous la pluie et qui devaient en connaître l'effet, auraient pu employer le même moyen ou un moyen analogue. Nous remarquons en outre que parmi les chroniqueurs français ou étrangers, ceux qui semblent s'être le mieux informés de ce qui se passa à cette bataille tels que Jean le Bel (t. II, p. 102 et 103) et Gilles le Muisit (p. 161-162) ne font aucune allusion à cette pluie. La *Chronique normande* (p. 80-81) observe le même silence. Enfin parmi ceux qui parlent de la pluie, nous relevons bien des divergences qui sont la preuve de l'incertitude de leurs informations. Froissart dans sa première rédaction (éd. Luce, t. II, p. 176) dit qu'il descendit du ciel une pluie « si grosse et si espesse que merveilles et uns tonnoires et uns esclistres moult grant et moult horribles ». et il ajoute que « par dessus les batailles », il vola « si grant fuison de corbaus que sans nombre » et qu'il y eut « le plus grant tempés dou monde », mais dans la suite il ne fait aucune allusion à l'effet de cette pluie sur les cordes des arbalètes. et dit seulement (p. 177) que dans leur fuite plusieurs archers coupèrent les cordes de leurs arcs et d'autres les jetèrent. (Voir aussi : p. 416 (ms. d'Amiens) ; p. 418-419 (ms. de Rome). P. 426, où il résume la cause de la défaite des Français, il ne dit rien de cet orage. Les *Grandes Chroniques* (t. V, p. 461), ne parlent de cette pluie que comme d'un on dit : « Toutes voies l'en disoit communément que la pluie qui chéoit avoit si moilliées les cordes de leur arbalestes que nullement ne les povoient tendre ». Guillaume de Nangis (t. II, p. 201) ne parle pas d'orage mais seulement d'une pluie qui tomba au moment où la bataille allait s'engager et par son action sur les cordes des arcs empêcha les Génois de tirer. Richard Lescot (p. 74) parle vaguement de la pluie sans faire allusion à un orage. « In pugne initio, Januanses balistarii ob inundationem pluvie, tractum habere nequibant, cum corde nimium restricte essent ». La *Chronographia regum Francorum* (t. II, p. 232) et *Istore et Croniques de Flandres* (t. II, p. 25) disent que la pluie tomba pendant l'action et après la fuite des Génois. Villani *(op. cit., p. 948)* dit seulement qu'avant la bataille on entendit des corbeaux et qu'il tomba une petite pluie. Le *Bourgeois de Valenciennes* dans Kervyn de Lettenhove, Froissart, t. V, p. 476, dit : « Et avœc ce plouvinoit, tonnoit et esclipstroit moult fort et creteloit et faisoit moult orrible tamps », mais ne fait aucune allusion à l'effet de cette pluie sur les cordes des arcs. Nous pensons donc, à la suite de tous ces témoignages qu'il ne faut parler de la pluie de la bataille de Crécy qu'avec de grandes réserves et surtout ne pas voir en elle, comme on l'a trop fait jusqu'alors, une des causes principales de la défaite de l'armée française.

1. T. III, p. 176. Voir aussi : p. 411, 418, 426.

non plus favorable au tir des archers. Enfin, suivant quelques chroniqueurs [1] le désordre et la panique des Gênois auraient encore été augmentés par les détonations de deux ou trois bombardes que les Anglais avaient avec eux [2]. La cavalerie placée derrière les archers pour les appuyer voyant leur débandade s'accentuer, soupçonna une trahison et une entente avec l'ennemi [3], ou s'impatienta de ne pouvoir prendre part à la lutte [4]. Le roi perdant tout son sang-froid en face d'une action si mal engagée [5], ordonna de passer au fil de l'épée « toute ceste ribaudaille » [6]. Les seigneurs désireux de briller et de frapper de bons coups, s'élancèrent ; ce fut alors une mêlée indescriptible. Tandis que les chevaliers s'acharnaient sur les Gênois, les archers gallois à l'abri de chars ou de haies [7], tiraient à coup sûr dans cette masse d'hommes et de chevaux enchevêtrés et trébuchant dans les fossés creusés par l'ennemi [8]. Les chevaux piqués par les flèches n'obéissaient plus à leurs cavaliers, se cabraient et augmentaient ainsi le désordre [9]. Les bataillons qui venaient derrière, entendant les cris des blessés et des mourants, accoururent pour prendre part à la lutte, croyant que les premiers rangs des Anglais étaient enfoncés [10]. Les chevaux tombant sur les cadavres déjà amoncelés ne firent qu'accroître la con-

1. *Grandes Chroniques*, t. V, p. 460, Villani, *op. cit.*, p. 948. Froissart, éd. Luce, t. III, p. 416, 419, cf. p. LII, note 4.

2. Voir L. Lacabane. *De la poudre à canon et de son introduction en France*, dans *Bibliothèque de l'Ecole des Chartes*, 2e série, t. I, p. 44-45.

3. Guillaume de Nangis, t. II, p. 202, *Chronographia regum Francorum*, t. II, p. 232, Richard Lescot, p. 74.

4. Jean le Bel, t. II, p. 102 et 103.

5. Froissart, t. III, p. 177, Gilles le Muisit, p. 162.

6. Philippe VI, mieux informé ensuite de la cause de leur fuite, ordonna de les épargner (Gilles le Muisit, p. 162).

7. *Chronographia regum Francorum*, t. II, p. 232, *Chronique normande*, p. 80.

8. G. Le Baker, p. 83, Froissart, t. III, p. 181.

9. Jean le Bel, t. II, p. 103, *Chronique des quatre premiers Valois*, p. 16.

10. Geoffroi Le Baker, p. 83.

fusion. Beaucoup d'hommes furent étouffés, d'autres seulement désarçonnés ou légèrement blessés furent achevés par les coutilliers et les hommes de pied anglais qui se faufilaient à travers cette masse [1].

Malgré tous les obstacles qui arrêtèrent la cavalerie française, des hommes d'armes purent néanmoins pénétrer assez avant parmi les Anglais. Le prince de Galles qui commandait le premier corps fut même pendant un certain temps en danger et son père dut lui envoyer du secours pour l'aider à repousser les assauts des ennemis [2]. Le roi de Bohême, Jean l'Aveugle, ne put aussi résister au désir de prendre part à la lutte. Conduit par deux chevaliers, Henri le Moine, de Bâle et Henri de Klingenberg qui avaient attaché leurs chevaux au frein du sien [3], il s'élança avec eux sur les Anglais. « Il alla si avant sur ses ennemis que il feri un cop d'espée, voire trois, voire quatre et se combati moult vaillamment » ; mais leur téméraire courage ne put vaincre la résistance de leurs adversaires ; le lendemain ils furent trouvés « sus le place autour dou roy leur signeur, et leurs chevaus tous alloiés ensamble » [4]. Maints autres grands seigneurs français ou alliés, tels que le comte d'Alençon, frère du roi de France, le duc de Lorraine, les comtes de Blois, de Flandre, de Harcourt, de Sancerre, de Salm [5] essayèrent vaillamment par des assauts successifs et lancés sur diffé-

---

1. G. Le Baker, p. 84, Froissart, t. III, p. 187.

2. G. Le Baker, p. 84. La *Chronographia regum Francorum*, t. II, p. 233, dit même qu'il aurait été pris par le comte de Flandre, mais ensuite délivré. « In eodem bello captus est princeps Wallie a comite Flandrie. sed postmodum recuperatus ». Cf. *Chronique normande*, p. 81 et *Istore et croniques de Flandres*, t. II, p. 26.

3. Trouillat, *Monuments de l'histoire de l'ancien évêché de Bâle*, t. III, p. 838. Cf. J. Viard, *Henri le Moine, de Bâle, à la bataille de Crécy*, p. 4 et 5. (Extrait de la *Bibliothèque de l'École des Chartes*, t. LXVII (année 1906), p. 489-496).

4. Froissart, t. III, p. 179.

5. *Grandes Chroniques*, t. V, p. 461 ; cf. Froissart, t. III, p. 179.

rents points [1], de rompre les lignes anglaises et de ramener la victoire de notre côté ; leurs efforts furent inutiles et tous furent tués.

Philippe VI, lui-même, n'hésita pas à s'exposer bravement. Il « se porta celui jour comme très bon chevalier et y fit merveilles d'armes [2] ». Entouré de peu de monde [3], il prit part à la mêlée. Deux chevaux furent tués sous lui [4] et Jean de Hainaut qui l'accompagnait ainsi que ceux qui étaient à son frein l'entraînèrent à grand'peine hors du champ de bataille [5], pour éviter qu'il ne fût tué ou fait prisonnier [6].

La bataille qui avait commencé tard [7] se poursuivit fort avant dans la nuit [8]. On peut même dire que seules les ténèbres mirent fin à la lutte. Tous les assauts livrés par les Français vinrent se briser contre la résistance et la ténacité

1. « Quindecies nostris insultum dederunt ». (G. Le Baker, p. 84. Cf. H. Knighton, t. II, p. 38) « Per diversa loca pugnare ceperunt et bellare » (Gilles le Muisit, p. 162).

2. *Chronique des quatre premiers Valois*, p. 16.

3. Froissart, t. III, p. 186. Cf. *Bibliothèque de l'Ecole des Chartes*, t. L (1889), p. 295, *Philippe VI à la bataille de Crécy*.

4. *Chronique normande*, p. 81. Cf. *Chronographia regum Francorum*, t. II, p. 233.

5. Jean le Bel, t. II, p. 103.

6. Plusieurs chroniqueurs anglais disent même qu'il fut blessé et qu'il échappa avec peine. Richard Winkeley, dans une lettre rapportée par Murimuth, p. 216. Murimuth, p. 247 et H. Knighton (t. II, p. 37), disent qu'il fut blessé au visage. Michel de Northburg, dans une lettre citée dans R. d'Avesbury, p. 369, dit qu'il fut blessé, sans désigner en quel endroit, ainsi que Charles roi des Romains, fils de Jean l'Aveugle. L'*Eulogium historiarum*, t. III, p. 210, dit qu'il fut deux fois désarçonné, blessé à la cuisse et à la gorge et qu'il reçut une flèche à la mâchoire. Thomas Walsingham (*Historia anglicana*, t. I, p. 268, dit qu'il fut blessé à la gorge et à la cuisse.

7. « Circa solis occasum » (G. Le Baker, p. 83). « Hora nona jam transacta » (Guillaume de Nangis, t. II, p. 201). « Ab hora nona usque ad vesperam bene tarde » (Gilles le Muisit, p. 162).

8. « En telle maniere dura ce meschief pour les Françoys jusques à la minuit, car il estoit près de la nuit quant la bataille commencha ». (Jean le Bel, t. II, p. 103).

des Anglais. Fermes à leur poste, ils ne cédèrent pas un pouce de terrain et gardèrent leurs positions sans se laisser entraîner à la poursuite de l'ennemi [1]. C'est ce qui permit aux débris de l'armée française et au roi de s'échapper. Après être resté très tard sur le théâtre de l'action [2], l'infortuné roi de France, avec une petite compagnie, gagna le château de Labroye [3], où il reçut du châtelain [4] l'hospitalité pour le reste de la nuit [5]. Le lendemain matin, il alla à Doullens, d'où, après avoir pris un repas, il gagna Amiens. Ce fut dans cette ville qu'il rallia les restes de son armée [6], en licencia une partie et en répartit une autre entre différentes villes du nord [7].

Pendant que le roi de France s'éloignait ainsi du champ de bataille, ses troupes à jeun depuis longtemps, harassées par une longue marche et par une lutte stérile que les ténèbres empêchaient de prolonger, se retirèrent. Elles errèrent ainsi par groupes dans la nuit à travers la campagne, à la recherche d'un gîte ou d'un abri [8]. Sur l'ordre d'Edouard III, les Anglais ne quittèrent pas le terrain. Par crainte de surprise et afin que ses troupes pussent prendre tranquillement leur repos, le roi d'Angleterre défendit de

1. Froissart, t. III, p. 186.
2. Gilles le Muisit, p. 163, Froissart, t. III, p. 184-185.
3. Labroye, Pas-de-Calais, arr. de Montreuil, cant. d'Hesdin et non Bray-les-Mareuil (Somme, arr. et cant. d'Abbeville) comme l'indique Paulin Paris dans son édition des *Grandes Chroniques*, t. V, p. 460 et comme nous l'avons répété d'après lui dans notre *Itinéraire de Philippe VI de Valois*.
4. Ce châtelain dévoué à Philippe VI était Jean Lessopier dit *Grand-Camp*. (Froissart, éd. Luce, t. III, p. LVII, note 3).
5. « Et ibi remansit usque mane » (Gilles le Muisit, p. 163).
6. Gilles le Muisit, p. 163, Jean le Bel, t. II, p. 104, *Chronique normande*, p. 82.
7. Gilles le Muisit, p. 164. Ce fut le 5 septembre qu'eut lieu la dislocation de l'armée. (J. Viard, *Journaux du trésor de Philippe VI de Valois*, nos 420, 750, 796, 1771, 2269, 4635, 3030).
8. Jean le Bel, t. II, p. 104.

donner la chasse à l'ennemi, de s'éloigner pour ramasser le butin et fit établir une bonne garde autour du camp [1].

Le lendemain matin 27, un fort brouillard se répandit sur la campagne [2]. Dès avant le lever du soleil, Edouard III prévoyant que les débris de l'armée française pourraient se rejoindre et qu'aidés par l'arrivée de forces fraîches, ils tenteraient sans doute d'attaquer de nouveau ses troupes, fit sortir une partie de ses hommes pour explorer les environs [3]. Les comtes de Northampton, de Northfolk et de Warwick qui commandaient cette expédition, rencontrèrent à peu de distance un grand nombre de sergents des communes de Rouen et de Beauvais [4] qui venaient d'Abbeville. Ignorant la bataille de la veille, ils cherchaient à rejoindre le gros de l'armée française. A la vue des Anglais, ils crurent se trouver en sa présence ; ils les attendirent donc sans méfiance. Leur méprise ne fut pas de longue durée ; fonçant sur eux et les prenant à l'improviste, l'ennemi leur tua plus de 2.000 hommes [5], fit prisonnier un grand nombre de chevaliers et d'écuyers, et poursuivit pendant trois lieues les fuyards. Battant les haies et les buissons, et parcourant tout le pays, d'autres troupes anglaises tuèrent ou dispersèrent encore différents groupes qui erraient à la recherche de leurs seigneurs, de leurs compagnons ou même de leurs parents [6]. Il est certain que si Philippe VI, au lieu d'attaquer précipitamment son adversaire, sans ordre, avec des troupes fatiguées, et sans attendre les renforts qui lui arri-

---

1. Jean le Bel, t. II, p. 107.
2. Jean le Bel (ibid.), Froissart, t. III, p. 188.
3. Jean le Bel, t. II, p. 107.
4. Froissart, t. III, p. 188 ; Michel de Northburg, dans Robert d'Avesbury, p. 369.
5. Michel de Northburg, dans R. d'Avesbury, p. 369. Froissart (t. III, p. 189) exagère probablement en évaluant le chiffre des tués à plus de 7.000.
6. Jean le Bel, t. II, p. 107, Froissart, t. III, p. 428.

vaient de tous côtés [1]. avait remis cette attaque au lendemain, il aurait eu de grandes chances de remporter la victoire.

Lorsque les troupes envoyées ainsi en reconnaissance furent rentrées au camp anglais et qu'Edouard III eut l'assurance qu'il était à l'abri d'un retour offensif de ses ennemis, il fit procéder à la reconnaissance des corps qui gisaient sur le champ de bataille. Renaud de Cobham, accompagné de clercs et de hérauts d'armes, fut chargé de cette opération [2].

Suivant Michel de Northburgh [3], le nombre d'hommes d'armes tués dans cette bataille et qui auraient été comptés

1. Le lendemain dimanche 27 août, Philippe VI trouva encore à Amiens Louis de Savoie qu'il attendait et qui venait le rejoindre avec un fort contingent. (Froissart, t. III, p. 167-168, 432. Cf. Jean Cordey, *Les Comtes de Savoie et les rois de France pendant la guerre de Cent Ans*, p. 147-148).

2. Jean le Bel, t. II, p. 108. Froissart (t. III, p. 432), dit qu'à Renaud de Cobham fut joint Richard de Stafford. L'endroit où la bataille de Crécy fut livrée portait, dit-on, avant 1346, le nom de *Bulecamp* ou *Bulincamp*. A la suite du recensement des morts fait par les clercs d'Edouard III, elle aurait pris le nom de *Vallée-aux-Clercs* qu'elle porte encore aujourd'hui. (Froissart, éd. Luce, t. III, p. LX, note 2).

3. Dans R. d'Avesbury, p. 369. Plusieurs chroniques anglaises estiment qu'il y eut 2.000 chevaliers et écuyers tués, et une innombrable multitude de gens de pied et des communes (Murimuth, *appendix*, p. 248, *Eulogium historiarum*, t. III, p. 210, H. Knighton, t. II, p. 38) : ce dernier fixe même à 32.000 le chiffre des hommes tués en plus des chevaliers. Plusieurs chroniques françaises donnent comme chiffre de tués 1.200 chevaliers et 15 à 16.000 écuyers gênois, gens de pied et des communes. (Jean le Bel, t. II, p. 108, *Chronique normande*, p. 82, Froissart, t. III, p. 190); voir aussi p. 431, où il ramène le chiffre de 30.000 Gênois, gens de pied, etc., qu'il donne à la page 190, à 15.000 ou 16.000. Edouard III (voir Froissart, éd. Kervyn de Lettenhove, t. V, p. 480) estime le nombre des hommes tués à 4.000. Ce chiffre serait presque analogue à celui de 3.800 que donne la *Chronographia regum Francorum*, t. II, p. 233. Villani (*op. cit.*, p. 950) dit qu'il y eut de tués bien 20.000 hommes de pied et à cheval, une innombrable quantité de chevaux et 1.600 comtes, barons et chevaliers. (Cf. G. Le Baker, p. 261-262).

s'élevait à 1.542, sans les gens de pied et les communes, et également sans le chiffre de plus de 2.000 hommes qu'il donne comme ayant été tués le lendemain 27. On peut, croyons-nous, accepter ce chiffre de 1.542 comme l'expression de la vérité pour les comtes, les chevaliers et les nobles tués dans l'action ; mais pour ce qui est des gens des communes, des arbalétriers et des sergents à pied, le chiffre est difficile à déterminer. Si dans l'action principale il n'y en eut peut-être pas un nombre très élevé de tués, car ce fut surtout la chevalerie qui s'exposant témérairement subit de fortes pertes [1], il ne faut pas se dissimuler que le lendemain, les communes venant pour rejoindre l'armée durent être très éprouvées [2].

Du côté des Anglais les pertes furent certainement moins élevées ; il serait cependant difficile de donner un chiffre même approximatif, tant il y a de divergence entre les indications fournies par les différents chroniqueurs [3],

1. Edouard III estimant à 4.000 (Froissart, éd. Kervyn de Lettenhove, t. V, p. 480) et la *Chronographia regum Francorum* (t. II, p. 233) à 3.800 le total des tués dans la journée du 26 août, ne sont peut-être pas éloignés de la vérité. Gilles le Muisit (p. 163) donne aussi des chiffres analogues ; environ 4.000 hommes de pied et 700 chevaliers.

2. « Dont il avint que, en iceluy meisme dimenche, les Anglois en tuèrent greigneur nombre qu'il n'avoient fait le samedi devant ». (*Grandes Chroniques*, t. V, p. 462). Cf. R. d'Avesbury, p. 369, Froissart, éd. Luce, t. III, p. 189 et éd. Kervyn de Lettenhove, t. V, p. 477 et 480).

3. Geoffroi Le Baker (p. 85), donne 40 tués pour toute l'armée anglaise. Gilles le Muisit dit : (p. 163) « De numero autem anglicorum, qui, quales et quanti ceciderunt, non inveni qui michi sciret dicere veritatem, et ideo de eis sileo ; sed fama laborante, multi ibidem sunt occisi » et p. 164 : « De parte autem regis Anglie ceciderunt quamplures principes et nobiles quorum nomina ignoro, et de aliis Anglicis et sagittariis maxima multitudo ». Suivant Jean le Bel (t. II, p. 108), il y aurait eu 300 chevaliers anglais morts, tandis que Froissart (t. III, p. 431) dit qu'on ne trouva que trois chevaliers anglais et environ 20 archers. Certains chroniqueurs et historiens anglais exagèrent encore plus la faiblesse de leurs pertes. Richard Winkeley, confesseur du roi, dans Murimuth, p. 217 et Murimuth dans l'*Appendix*, p. 247, disent que les Anglais ne perdirent que deux chevaliers et un

En tout cas, quel que soit le chiffre des morts, on peut dire que la fleur de la noblesse française fut fauchée dans cette bataille. A côté de Jean roi de Bohême, on peut citer parmi les principaux personnages qui furent tués, Charles comte d'Alençon, frère de Philippe VI, Raoul duc de Lorraine, Louis de Châtillon, comte de Blois, Louis dit de Nevers comte de Flandre, Jean IV comte d'Harcourt, Jean II comte d'Auxerre et de Tonnerre, Louis II comte de Sancerre, Simon comte de Salm [1], etc.

Lorsque le corps du roi de Bohême eut été reconnu, on l'apporta dans la tente d'Edouard III [2] ; des prières furent récitées en présence du roi par l'évêque de Durham. Le lendemain lundi, après une messe de *Requiem* dite sur un autel portatif, le corps fut porté au prieuré de Maintenay [3] et le mardi à l'abbaye de Valloires [4] où ses entrailles furent enterrées [5]. Son corps fut ensuite remis à son fils Charles qui le fit transporter à Luxembourg, où il arriva le 7 septembre 1346, et inhumer en l'abbaye de Munster située aux portes de cette ville [6].

écuyer. L'*Eulogium historiarum* (t. III, p. 211) va encore plus loin : « Et fuerunt ibidem occisi duo millia Francorum et plures peditum, unus tantum Anglicus qui impetuose se in aciem transmisit, Eymerus de Rokesley novus miles ». Henri Knighton (t. II, p. 38) dit : « De Anglicis occisus est unus scutifer ante prœlium et in prœlio III milites, reliquos Deus reservavit. »

1. Jean le Bel, t. II, p. 108 et 109, Froissart (éd. Luce), t. III, p. 184 424, 431, *Grandes Chroniques*, t. V, p. 461-462, *Chronographia regum Francorum*, t. II, p. 233, G. Le Baker, p. 85 et 262, Gilles le Muisit, p. 164, *Chronique normande*, p. 82, Guillaume de Nangis, t. II, p. 203.

2. D'après les *Istore et croniques de Flandre* (t. II, p. 44) il aurait été retrouvé respirant encore, « et quant ses plaies estoient appareillées, ils l'eurent couchié en son lit, son esperit rendit ».

3. Maintenay, Pas-de-Calais, arr. de Montreuil-sur-Mer, cant. de Campagne-les-Hesdin. (Voir G. Le Baker, p. 85-86).

4. Valloires, Somme, arr. d'Abbeville, cant. de Rue, comm. d'Argoules.

5. « Ejus autem interiora inhumata sunt in abbatia de Valloliis » (*Chronographia regum Francorum*, t. II, p. 234).

6. Voir *Grandes Chroniques*, t. V, p. 464, *Chronographia regum Fran-

Après être resté le dimanche 27, les lundi et mardi 28 et 29 août, à Crécy et dans les environs afin d'ensevelir les morts, de ramasser le butin et de faire reposer son armée [1], le 30 Édouard III prit la direction de Calais en passant par Saint-Josse [2], Neufchâtel [3], Wissant [4], et vint s'établir devant Calais le lundi 4 septembre [5].

La défaite éprouvée par Philippe de Valois à Crécy jeta la consternation dans le royaume. On fut surpris qu'à la tête d'une armée numériquement plus forte que celle de son adversaire, dans laquelle étaient la fleur de la chevalerie française et de nombreux et vaillants alliés, il ait été obligé de reculer après avoir essuyé de fortes pertes. On voulut y voir une punition de Dieu pour l'orgueil des nobles, la convoitise des richesses et l'indécence des vêtements portés alors [6]. Sans méconnaître l'intervention divine dans les événements qui agitent ce monde, il faut avouer que les inutiles efforts déployés depuis plus d'un mois pour chercher à arrêter l'envahisseur durent bien fatiguer et déprimer un caractère tel que celui de Philippe VI. Il était certainement brave et chevaleresque, mais emporté et peu maître de lui. Aussi quand il fut enfin en face de son insaisissable

corum, t. II, p. 234. Son cœur fut porté en l'église des Dominicaines de Montargis, cf. *Polybiblion*, t. XII (1874), p. 63 et 199, *Revue des Questions historiques*, t. XVI (1874), p. 516 et 521 et t. LII (1892), de Puymaigre, *Jean l'aveugle en France*, p. 448-449. Les corps d'un certain nombre de seigneurs furent enterrés au prieuré de Maintenay (Froissart, t. III, p. 191). Cependant, celui du comte d'Alençon fut ramené à Paris où le 14 septembre 1346, il fut enseveli au couvent des Frères Prêcheurs (*Grandes Chroniques*, t. V, p. 464).

1. D'après le *Kitchen Journal*, il aurait été sur les champs à Crécy le 27, à Valloires le 28 et à Maintenay le 29 (G. Le Baker, p. 253 et 255).

2. Saint-Josse, Pas-de-Calais, arr. et cant. de Montreuil-sur-Mer.

3. Neufchâtel, Pas-de-Calais, arr. de Boulogne-sur-Mer, cant. de Samer ; il y fut le 31 août et le 1er septembre.

4. Wissant, Pas-de-Calais, arr. de Boulogne-sur-Mer, cant. de Marquise ; il y séjourna les 2 et 3 septembre.

5. Geoffroi Le Baker, p. 253 et 255.

6. *Grandes Chroniques*, t. V, p. 462-463.

adversaire, le sang « li mua » [1]. Sans examiner la forte position des Anglais, sans attendre les voitures qui portaient les targes et les munitions des Gênois, sans laisser à ses troupes le temps de se grouper et de s'organiser, il crut qu'avec les nombreux chevaliers dont il disposait, il pourrait les écraser. Il fut cruellement déçu et aboutit au contraire à l'un des plus sanglants désastres que l'histoire ait enregistrés au cours des siècles.

1, Froissart, t. III, p. 175.

Abbeville. — Imprimerie F. PAILLART.